I0634855

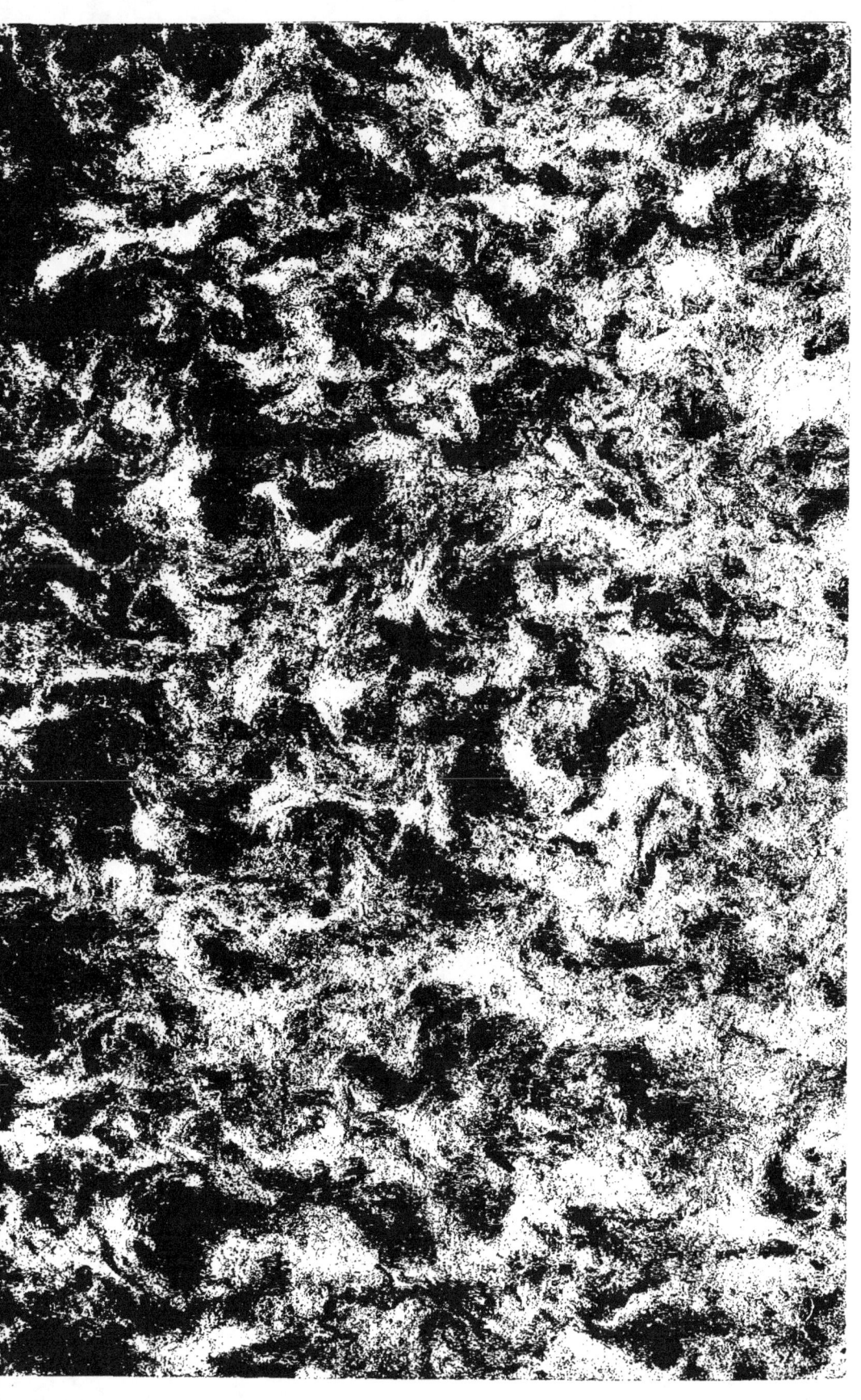

FACULTÉ DE DROIT DE PARIS

DROIT ROMAIN

ÉTUDE

SUR LES

DIFFÉRENTES FORMES DE TESTAMENTS A ROME

———

DROIT FRANÇAIS

CONDITION DU MINEUR
DEVANT LA LOI PÉNALE

———

THÈSE POUR LE DOCTORAT

Présentée et soutenue le jeudi 23 juin 1881, à 1 h. 1/2

PAR

René QUÉRENET,

Avocat à la Cour d'appel de Paris.

PARIS

A. PARENT, IMPRIMEUR DE LA FACULTÉ DE MÉDECINE

A. DAVY, successeur

31, RUE MONSIEUR LE-PRINCE, 31

—

1881

FACULTÉ DE DROIT DE PARIS

DROIT ROMAIN

ÉTUDE

SUR LES

DIFFÉRENTES FORMES DE TESTAMENTS A ROME

DROIT FRANÇAIS

CONDITION DU MINEUR
DEVANT LA LOI PÉNALE

THÈSE POUR LE DOCTORAT

Présentée et soutenue le Jeudi 23 juin 1881, à 1 h. 1/2

PAR

René QUÉRENET

Avocat à la Cour d'appel de Paris

1343

Président :	M. Beudaut,	Doyen.
Suffrageants :	MM. Desjardins,	Professeurs.
	Accarias,	
	Cauwès,	Agrégés.
	Renault,	

PARIS

A PARENT, IMPRIMEUR DE LA FACULTÉ DE MÉDECINE

A. DAVY, Successeur

31, RUE MONSIEUR-LE-PRINCE, 31

1881

x

8.

2224-2226

A LA MÉMOIRE

DE

MON PÈRE

AUGUSTE-ARMAND QUERENET

Conseiller à la Cour d'appel de Paris.

DROIT ROMAIN

ÉTUDE SUR LES DIFFÉRENTES FORMES DES TESTÂMENTS A ROME.

« L'origine des testaments, dit M. Demolombe, est liée à l'origine de la propriété ; la propriété ne serait pas du tout, si elle n'était pas perpétuelle : Or qu'est-ce que la perpétuité, sinon le droit de transmettre à d'autres après nous, la chose qui nous appartient ? »

Cette idée s'applique aussi bien au testament en droit romain qu'en droit français. Nous ne nous attarderons pas à justifier l'usage du testament, ni à établir sa légitimité ; disons seulement que la liberté de disposer par testament, bien qu'elle soit une faculté naturelle, a été réglementée chez tous les peuples par la loi positive, et l'histoire des formes des testaments n'est pas un des chapitres les moins intéressants de l'histoire des peuples. Elle offre un intérêt spécial dans l'histoire du peuple romain, car l'histoire des formes du testament se lie intimement, à Rome, à l'histoire de la propriété. Les modifications successives, qui s'accomplissent dans l'ordre politique et dans l'ordre économique foncier, ont leur contre-coup immédiat sur la matière qui va nous occuper, et les règles relatives aux formes des testaments reflètent de la façon la plus fidèle la physionomie philosophique de l'histoire. Et la raison est la suivante :

c'est que cette question de forme va nous montrer successivement à Rome, la propriété, au début, privilège presque exclusif des castes pontificale et patricienne ; puis le peuple, dominé d'abord par l'aristocratie et les pontifes, va arriver peu à peu à la vie politique, à la liberté de transmission héréditaire ; nous verrons alors le respect superstitieux du peuple romain pour ses anciennes institutions, et le prêteur introduisant le droit des gens dans cette place d'armes du vieux droit civil, l'empire flattant les militaires, par les privilèges testamentaires qu'il leur confère, et le christianisme enfin apportant, avec de nouveaux préceptes et une civilisation nouvelle, le perfectionnement du droit.

Nous nous en tiendrons dans cette étude à la seule matière des formes des testaments et nous n'examinerons pas les conditions de capacité requises pour faire un testament, c'est-à-dire la *testimentifactio activa vel passiva*, non plus que les conditions de capacité exigées des temoins ; nous étudierons les formalités diverses nécessaires pour qu'il y ait testament, c'est-à-dire pour qu'il y ait un acte produisant un effet juridique.

Nous nous attacherons, au point de vue de l'ordre des matières au développement historique de l'institution des testaments. Nous en rechercherons les formes successivement dans les diverses périodes du droit romain, en prenant pour base de nos divisions les époques où les réformes les plus importantes s'introduisirent dans le droit.

Nous trouvons ainsi quatre périodes :

1° Depuis la fondation de Rome jusqu'à la loi des Douze Tables ;

2° Depuis la loi des Douze Tables jusqu'à Théodose II ;

3° Législation de Théodose II.

4° Législation de Justinien.

I

Le testament dans les législations de l'Antiquité

Avant d'aborder l'étude des formes des testaments à Rome, il nous a semblé intéressant de rechercher sommairement celles des législations de l'antiquité, qui connurent l'usage du testament. On ne peut guère trouver que des conjectures dans les législations primitives de l'Assyrie, de l'Egypte et de la Perse. Néanmoins, une idée générale semble se dégager de l'examen des documents qui nous sont parvenus sur ces législations : c'est que le gouvernement était si despotique, que la propriété de toutes les terres appartenait au roi (1); cette organisation sociale nous explique pourquoi nous ne trouvons pas signalé, chez ces peuples, l'usage du testament.

Nous nous bornerons à rechercher l'existence du testament chez les Hébreux, les Indiens et les Grecs, puis nous le verrons pratiqué dès les temps les plus reculés de l'ancienne Rome ; nous aurons alors à l'étudier dans ses formes et ses transformations successives, selon la marche indiquée, jusque dans le droit de Justinien.

(1) Pastoret, Histoire de la législation t. 1, p. 111.

§ 1. — LÉGISLATION DES HÉBREUX.

Deux époques principales peuvent être examinées dans l'ancienne législation hébraïque : celle des Patriarches et celle de Moïse. La première est contenue dans la Genèse, la seconde dans les autres livres du Pentateuque, et principalement dans le Deutéronome.

Les textes sacrés, relatifs à l'époque patriarcale, présentent peu de dispositons explicites concernant l'usage même du testament. Dès avant Moïse, le droit d'aînesse était établi chez les Hébreux ; ce droit était pratiqué dans la plupart des anciennes législations, comme dans la famille d'Abraham et l'exhérédation était interdite ; tel était le droit commun des nations syriennes, dont les Hébreux faisaient partie. Mais la faculté de disposer était sans limites, lorsqu'on n'avait pas d'enfant, et le mourant pouvait alors dépouiller de ses biens ses autres parents. C'est ainsi qu'Abraham, avant d'avoir un fils de Sarah, voulait instituer pour son héritier universel le fils d'Eliézer, un serviteur qu'il chérissait, quoiqu'il eût assez près de lui Loth, son neveu, et quoiqu'il eut d'autres parents dans le pays dont il était originaire, au delà de l'Euphrate (1). Or ce passage implique bien nettement l'usage du testament. Au chapitre 25, (v.5 et 6) du même livre après que l'historien sacré a rapporté le mariage d'Abraham avec Céthura, il ajoute : « *Deditque Abraham cuncta quœ possidebat Isaac : filiis autem cocubinarum largitus est munera.* » Voilà, dit Furgole, une institution d'héritier en faveur d'Isaac et des legs en faveur de ses autres enfants. Tout cela désigne déjà clairement des dispositions testamentaires.

(1) Genèse, Xv, v. 2-3.

Mais nous trouvons quelque chose de plus précis dans le prophète Ezéchiel (Ch, 46, v. 17 et 18), qui parle du pouvoir que le prince avait de disposer de ses biens. « *Si* « *autem dedeit legatum de hœreditate sua, universorum erit* « *illius, usque ad annum remissionis.* »

Le mot *legatum* qui caractérise proprement, la disposition testamentaire indique d'une manière sûre et la faculté de tester, et en même temps la liberté qui était accordée au prince de laisser à titre d'hérédité à ses enfants ses biens propres et d'avantager l'un au détriment des autres, selon sa volonté. Et ce droit de disposer par testament en faveur des enfants, de la façon dont il le jugeait à propos, existait chez les Hébreux pour tout père de famille (1).

La législation de Moïse ne changea rien à cet état de choses : il veut que la loi de succession, maintenant le bien dans les familles, soit gardée à perpétuité par les enfants d'Israël (2), mais il est certain, au moins, que la faculté de donner à d'autres qu'aux héritiers présomptifs est reconnue au père. Il peut aussi faire à l'un de ses esclaves un don ou un legs. Flavius Josèphe, qui a résumé très brièvement la législation de Moïse, probablement telle qu'elle était conservée de son temps, ne dit rien autre chose sur l'usage du testament.

Mais nous trouvons le testament mentionné dans la *Misnah*, compilation de la loi traditionnelle, rédigée en Judée sous Adrien et revisée plus tard, par l'école juive de Babylone, sous le nom de *Talmud*, dans le sixième Siècle ; ce sont ces lois que Justinien appelle *Deuteroses*. On voit dans la Misnah (Tract. de festo parvo, n° 3), que les donations testamentaires étaient permises dans l'intervalle des fêtes. De même, au traité deuxième *de Damnis*, il

(1) Selden, De succession. in bonis Hæbreor.; caput. 24.
(2) Nombres, XXVII, v. 11.

est dit que le testament est révocable, et qu'il est censé révoqué, quand il est trouvé par hasard hors du domicile du testateur.

Mentionnons un caractère spécial du testament chez les Hébreux, que rapporte Furgole, d'après Selden ; (1) les Hébreux ne pouvaient tester la nuit parce que l'institution de l'héritier était regardée comme un acte judiciaire, que leur loi ne leur permettait d'exercer que pendant le jour. Cependant cette liberté de tester parmi les Hébreux n'était pas indéfinie. Ceux qui avaient des enfants ne pouvaient disposer à titre perpétuel des immeubles qu'en faveur de leurs enfants. Il leur était permis, nous l'avons vu, de faire des legs à des étrangers : mais les biens légués ne pouvaient être possédés par les légataires étrangers ou leurs héritiers que jusqu'à une certaine époque. Cette époque est connue sous le nom d'*année jubilaire*. « Au bout de sept fois sept années, qui forment quarante-neuf ans, le dixième jour du septième mois, temps de la fête de l'Expiation, on sonnera du cor, dit le Lévitique, dans toute la terre d'Israël, et on sanctifiera la cinquantième année, qui est la jubilaire. La liberté sera rendue à ceux d'entre vous qui l'auraient aliénée. Chacun rentrera dans ses anciennes possessions et retournera à sa première famille (2). » La disposition testamentaire n'était donc, chez les Hébreux, qu'un usufruit plus ou moins prolongé, les immeubles légués devant, à l'année jubilaire, revenir en la possession des enfants du testateur. Cette solution se fonde et sur le texte du Lévitique et sur le texte précis et déjà cité d'Ezéchiel (3) : « *Usque ad annum remissionis.* »

Nous laissons ici de côté, et à dessein, l'étrange assertion

(1) Selden, opus cit., cap. 24.
(2) Lévitique, XXV, v. 8-13.
(3) Ezéchiel, ch. 46, v. 17-18.

d'Origène faisant remonter jusqu'à Noé le testament scellé. D. Calmet, dans son dictionnaire historique de la Bible et Selden (op. citat. Ch. 24) ont réfuté la légende de ce prétendu partage testamentaire qu'aurait fait Noé, d'après l'ordre de Dieu, et par lequel il distribuait la terre entre ses trois fils, Sem, Cham et Japhet. D'après Cedrenus, dans ses Annales, Noé aurait dressé un écrit, et après l'avoir récité à ses enfants, il l'aurait scellé et conservé. Puis, sentant sa fin prochaine, il l'aurait confié à Sem, le plus pieux de ses trois fils. Or, ni dans la Genèse, ni dans aucun autre des livres sacrés il n'est fait mention de ce partage. C'est de la fable pure.

Malgré la constitution de l'ancienne Egypte, qui attribuait héréditairement aux prêtres, au roi et à l'armée la possession et la propriété de tous biens, il n'est pas douteux que le testament y fût connu. Nous savons en effet par l'Ecriture Sainte que les Hébreux demeurèrent en Egypte, pendant cent dix ou cent quinze ans, suivant les interprètes (1). Les Egyptiens ont appris des Hébreux à user de la faculté de tester et de disposer de leurs biens. D'ailleurs l'usage du testament dans l'ancienne Egypte a été prouvé par l'archéologue Letronne. Les papyrus du Louvre contiennent des formules et la teneur de testaments. Il est probable que c'est de l'Egypte, qui était alors la nation la mieux policée, que l'usage du testament fut apporté en Grèce, lors des voyages des législateurs grecs en Egypte, ainsi que le rapporte Plutarque, dans sa vie de Thésée.

(1) Exode, ch. 12, v. 40.

§ 2. — LÉGISLATION DES HINDOUS

On a souvent exagéré la haute antiquité et l'influence générale de la législation hindoue ; on n'a pas craint d'écrire :
« Comme poésie, le livre de Manou plane sur toutes les
littératures : comme loi, il domine tous les peuples. (1) »
On lui a reporté le mérite d'avoir inspiré plus d'une institution privée de la Grèce. Mais cette haute antiquité du
livre de Manou est aujourd'hui contestée. Selon de récents
travaux nous n'aurions pas le texte dans sa pureté primitive ; et, suivant une opinion très accréditée aujourd'hui, la
dernière rédaction des lois de Manou, celle que nous pos-
sédons, serait infiniment plus récente qu'on ne le croya't
jusqu'ici, et ne remonterait pas au-delà du deuxième siècle
de notre ère, ce qui expliquerait, dit M. Boissonnade (2),
certains rapports entre la loi hindoue et la législation
grecque.

« Dans l'Inde, dit M. Gibelin (3), la communauté est la
base du droit de famille, quant aux biens. »

Mais cette communauté n'existe que pour les biens patrimoniaux ou venus des ancêtres, et non pour ceux qui proviennent du travail du père. De ces biens-là, il a la libre
disposition. Malgré cela, il n'existe dans les lois de
Manou (4), bien qu'elles soient très détaillées quant à l'ordre de succession, aucune disposition sur les donations ni
sur les testaments. Et cependant il est souvent recom-

(1) Etudes sur le droit civil des Hindous, par M. Gibelin, 1846-1847.
(2) Histoire de la réserve héréditaire, par M. G. Boissonnade.
(3) Gibelin, Opus citat.
(4) Les lois de Manou, traduites en français, par M. L. Deslongchamps,
1833.

mandé aux castes inférieures (1), même à celle des guerriers, de faire des aumônes et des fondations en faveur de
la caste des prêtres et des brahmanes, et la pauvreté est tellement recommandée aux individus qui appartiennent à
cette caste, quoiqu'elle soit la plus riche, qu'on doit en
conclure qu'il y avait un mode de disposer; et le legs testamentaire apparaît comme le plus naturel.

« D'ailleurs, dit M. Gibelin dans son introduction, on a
prétendu que, d'après le droit hindou, les testaments étaient
impossibles, que le pouvoir testamentaire était en opposition avec les principes de ce droit; et nous verrons cependant que, non seulement il n'existe aucune prohibition
dans la loi, mais que, loin d'y rencontrer des textes oppo-
sés, on en trouve qui impliquent nécessairement l'usage
de ce pouvoir. » Mais dans la loi elle-même, on ne peut
rien trouver sur le droit testamentaire.

§ 3. — LÉGISLATION DES GRECS

Dans le principe, le testament ne fut pas connu, toujours
par suite du principe qui régissait la propriété.

Chez les Lacédémoniens, la communauté des biens fut
établie par Lycurgue, mais cet état contre-nature fut aboli
cinq siècles après lui. Sur la proposition de l'éphore Epita-
dès, dans le quatrième siècle avant notre ère, on admit les
femmes à la succession des domaines paternels : et « cha-

(1) Les lois de Manou divisent les Hindous en quatre castes, que nous
rencontrons aussi en Egypte mais avec des règles moins rigoureuses : les
Brahmanes ou prêtres ; les *Kchatpyas* ou guerriers ; les *Vaicyas* ou la-
boureurs et marchands, et les *Coudras* ou serviteurs et ouvriers ; enfin au-
dessous même des *Coudras* nous trouvons les *Dasyous* ou *Parias*, ceux
qui, par l'effet d'une peine, ont été rejetés de leur caste. Manou, liv. X,
chap. 45.

cun, dit Pastoret, put disposer de son bien pendant sa vie et le laissser par testament après sa mort (1). »

Venons à la législation des Athéniens. Sous Dracon, comme sous Lycurgue, le testament était inconnu, mais Solon vient corriger la dureté de ces lois de Dracon, dont Plutarque a dit : qu'elles étaient écrites non avec de l'encre mais avec du sang (2). La législation de Solon respire dans toutes ses parties la douceur, la justice et la sagesse. Sur le point qui nous occupe, il permet les dispositions testamentaires, inconnues ou inusitées jusque-là chez les Athéniens. Avant lui, on ne pouvait disposer de ses biens; ils appartenaient de droit à la famille. Solon permit de les laisser à qui l'on voudrait, quand on n'aurait pas d'enfant légitime, pourvu qu'on fut sain d'esprit.

De nombreux passages d'Isée et de Démosthène établissent qu'à partir de Solon, le droit de tester se développa promptement chez les Grecs ; la loi permettait de disposer de ses biens à vingt ans. (3).

Isée, dans son discours pour la succession d'Apollodore, nous apprend que l'adoption par testament était licite.

Les Athéniens faisaient même un usage fort large des testaments. Un mari pouvait léguer sa femme; un père pouvait léguer sa fille. Demosthène profita de cette double faculté en léguant sa femme, Archippe, à Phormion, qu'il affranchit : par le même testament il léguait sa fille à un autre, avec deux talents (4).

Voyons rapidement les formes du testament à Athénes. Il semble bien que la forme solennelle seule était connue, mais en se rapprochant plus du testament *per æs et libram*

(1) Plutarque, Agis, § 7.
(2) Plutarque, Solon, c. XVII, § 3.
(3) Isée, Succession d'Arist.
(4) Pastoret, Histoire de la législation, t. VI, p. 444.

romain, dans sa seconde phase, ou de notre testament mystique, que du testament public, en ce sens que le secret des dispositions est gardé, ce qui n'a pas lieu dans le testament public dans l'acception juridique de ce mot.

Le testateur devait être citoyen ; les étrangers et les esclaves n'avaient pas le droit de tester. Un magistrat était appelé pour recevoir le testament ou pour l'annuler. On peut voir à ce sujet, le pladoyer d'Isée dans l'affaire de Cléonyme.

Des témoins assistaient à la présentation de l'acte au magistrat, mais l'acte ne leur était pas lu ; après l'avoir scellé de son anneau, le testateur le déposait entre les mains d'un ou de plusieurs de ses amis. Trois copies du testament de Théophraste furent ainsi délivrées l'une à Hégésias, ę l'autre à Olympiodore, la troisième à Adimante. Théophraste à la fin, nomme plusieurs exécuteurs de ses volontés, au nombre de sept (1).

Diogène Laërce, nous a conservé aussi les testaments de Lycon, d'Aristote, de Platon, d'Epicure.

Dans tous ces testaments, la liberté est rendue à quelques esclaves, quelquefois après une époque déterminée et avec une somme d'argent. Tous ces actes de dernière volonté, à l'exception du testament d'Epicure, commencent par une formule assez semblable : « En « En cas qu'une maladie survienne... En cas que je succombe à ma maladie... Si la mort me surprend... ». Mais il ne semble pas qu'il y ait eu une formule rigoureuse, entraînant, à défaut de son emploi, rupture du testament.

Platon, dans ses Lois, a critiqué beaucoup l'usage du testament : il soutient qu'un acte fait entre la vie et la mort ne donne pas toutes les garanties nécessaires de liberté

(1) Diogène Laerce, Vie de Théophraste, in fine.
(2) Platon, Lois, liv. 11.

d'esprit, et laisse le champ trop libre aux flatteries et aux coupables entreprises. Malgré son jugement sévère contre le testament, Platon ne sut pas mettre d'accord la pratique et la théorie, car Diogène Laërce nous rapporte que Platon fit un testament.

Enfin, terminons ce rapide exposé des législations de l'antiquité, en disant que chez les Etrusques, aux lois et aux usages desquels les premiers Romains firent de nombreux emprunts, le droit de tester fut sans bornes : la volonté du testateur était la seule loi.

Nous arrivons ainsi à la législation romaine.

II

Législation romaine.

Il y a deux définitions connues du testament romain. La première est d'Ulpien. « *Testamentum est mentis nostræ justa contestatio in id solemniter facta, ut post mortem nostram valeat* (Regul., xx, § 1). » La seconde est de Modestin (au Dig., L. 28, t. I, 1). « *Testamentum est voluntatis nostræ justa sententia de eo quod quis post mortem suam fieri vult.* »

La définition d'Ulpien est plus complète que celle de Modestin, en ce sens qu'elle indique le caractère solennel du testament. Mais toutes deux sont muettes, quant à ce qui concerne ce que Gaius nomme : *caput et fundamentum totius testamenti* (1); c'est-à-dire quant à l'institution d'héritier.

Une définition complète serait donc : le Testament est un acte solennel, contenant essentiellement institution d'un ou de plusieurs héritiers, et destiné à produire son effet seulement après la mort de son auteur.

De la nécessité de certaines formes rigoureuses viennent

(1) Galus, liv. II, § 229.

les expressions d'*ordinare, celebrare testamentum* (§§ 3, 10 et 14. De Test. Ordin. Just. II, 10).

La forme du testament c'est donc l'ensemble des solennités et l'observation des règles prescrites par la loi pour rendre certaine l'expression de nos dernières volontés et leur donner effet.

Ces formes sont *externes,* ou selon l'expression des commentateurs et spécialement de Pothier, *internes*; nous les examinerons successivement dans deux parties séparées.

Justinien ne donne pas de définition du testament. Il se contente de dire au Livre II des Instituts (Tit. I, pr.). *Testamentum ex eo appellatur quod testatio mentis est.* Or, c'est là, croyons-nous, une affirmation erronée. *Testamentum* vient simplement de *testari;* et selon la remarque de M. Accarias, la désinence *mentum* n'a certainement pas plus de valeur ici que dans les mots *fundamentum, augmentum, vestimentum,* et dans tant d'autres où il est bien impossible de la faire dériver du mot *mens.*

PREMIÈRE PARTIE

Formalités externes des testaments.

CHAPITRE I.

DEPUIS LA FONDATION DE ROME JUSQU'AUX DOUZE TABLES.

Nous trouverons dans cette période trois sortes de testaments usités à Rome, le testament *calatis comitiis*, le testament *in procinctu*, et le testament *per æs et libram*.

SECTION I. — *Testaments « Calatis comitiis et in procinctu. »*

Ce sont à coup sûr là les deux testaments primitifs, connus avant toute autre forme. Il semble même, si nous nous en rapportons à Plutarque (Vie d'Alcibiade, § 12), que ce mode de tester était, sinon la règle, du moins usité en Grèce. Callias, beau-frère d'Alcibiade, déclare publiquement au peuple qu'il l'institue son héritier universel au cas où il mourrait sans enfant.

Gaius et, après lui, Justinien (Instit., L. 2, Tit. x), nous disent ce qu'étaient ces deux formes de testaments. *Testamentorum autem genera initio duo fuerunt, nam aut calatis comitiis faciebant... aut in procinctu.* Justinien parle du *testamentum procinctum*, mais c'est un véritable bar-

barisme. Dans ces temps primitifs, ces deux formes de
tester étaient la règle. Tous deux sont des testaments de
droit commun. Seulement, dit Gaius : « *Alterum in pace
et in otio faciebant, alterum in prœlium exituri.* » Niebuhr,
dans son Histoire romaine (t. IV, p. 38) indique en ces termes quelle est, selon lui, l'origine de ces deux testaments
primitifs. A Rome, la fortune d'une *gens* éteinte revenait
à la curie : — c'est toujours cette idée déjà signalée de la
propriété particulière ayant pour point de départ une concession de l'Etat, — celle d'une *curie* éteinte au *publicum
œrarium*. Or, pour changer cet ordre de dévolution des
biens, il fallait le consentement de tout le *populus :* telle
serait l'origine des testaments devant le pontife et les
curies.

Qu'était-ce que le testament *calatis comitiis? Comitia*,
ce sont les assemblées romaines, réunies pour voter sur
quelques points. Il y eut à Rome successivement trois
sortes de comices : les comices par *curies*, les comices par
centuries, les comices par *tribus*. Le testament se faisait
dans les comices par curies. *Calata* (de *calare*, καλειν, convoquer) est une appellation qui s'appliquait à tous les comices : elle ne désigne pas une quatrième espèce d'assemblées. Le mot *calare* s'employait toujours à l'origine pour
dire : convoquer les comices; il cessa ensuite d'être en
usage, excepté, dit Aulu-Gelle (Noct. Att., xv, 27), qui se
fonde sur l'autorité de Labéon dans certaines circonstances.... « *Iisdem comitiis quœ calata appellari diximus,
sacrorum detestatio et testamenta fieri solebant.* » Dans
ces cas isolés les comices gardèrent l'antique dénomination de *ealata*, sans doute à cause du caractère religieux
et des souvenirs historiques qu'il s'agissait de sanctionner.
religionis cujusdam et antiquitatis ratione, dit Pothier
(Pand., L. 28, tit. I, sect. ii, art. 1).

La forme du testament qui se faisait *calatis comitiis* est expliquée par Théophile (sur le § 1 du tit. x, au liv. II des Instit.) en ces termes : *testamentum calatis comitiis tempore pacis fiebat bis in anno, hunc in modum. Præco universam circumibat civitatem conclamans, et totus populus congregabatur, et ita qui volebat, teste populo testamentum faciebat.*

D'après ce texte, nous voyons que les *calata comitia* pour la confection des testaments, avaient lieu deux fois par ans. Ni le Digeste, ni les Institutes de Justinien ne mentionnent ce fait. Aussi Heinneccius et plusieurs autres le révoquaient en doute et soutenaient que jamais les Comices n'étaient spécialement convoqués pour les testaments, mais qu'on s'en occupait accessoirement et une fois les autres décisions prises. La découverte du manuscrit de Gaius, qui porte (§ 101 du Com. II) : *Quæ comitia bis in anno, testamentis faciendis destinata erant...*, est venue donner tort à Heinneccius.

A l'origine, les comices par curies réunissaient les trois tribus primitives romaines : les *Ramnenses*, les *Tatienses* et les *Luceres*. Ces trois tribus correspondaient peut-être aux trois origines du peuple romain, qui comprenaient à la fois des Latins, des Sabins et des Etrusques, et cela malgré Varron, qui dit que ces trois dénominations étaient étrusques.

Chaque tribu se divise en dix curies ; mais chaque curie a une organisation aristocratique, qui englobe et absorbe la *plèbe* : de sorte que ces comices par curies sont essentiellement aristocratiques. Le testament au début fut donc l'apanage de la seule caste patricienne. Le testament fait dans les comices par curies et en présence des pontifes était une véritable loi. *Testamentum lex est.* Cette extrême solennité de formes ne doit pas étonner, si l'on se rappelle

Querenet. 2

que la propriété, à l'origine, ne fut qu'une concession de l'Etat et que les pontifes étaient chargés, dans un intérêt public, de régler et de surveiller les *sacra privata*. Or l'héritier à Rome avait pour mission de continuer les *sacra privata* du défunt. Cicéron, dans ses *Topiques*, définit l'hérédité sans mentionner les *sacra*, mais dans son traité *de Legibus* (II, § 19-21) il répare cet oubli par des développements curieux : « La religion prescrit, dit-il, que les biens et le culte de chaque famille soient inséparables et que le soin des sacrifices soit toujours dévolu à celui à qui revient l'héritage. »

D'après ces motifs, on peut penser que le rôle des curies ne se borna pas dans le principe à une approbation de pure forme. Le consentement pouvait être refusé, et, dit Mommsen (1), il l'a même été souvent. La cité était intéressée au maintien des *sacra privata* d'une manière trop directe pour prendre en cette matière une décision qui ne fût pas mûrement réfléchie. « Sur l'avis des pontifes, dit M. Accarias, les curies rejetaient ou votaient les dispositions du *paterfamilias* qui, dans ce dernier cas, se transformaient en une véritable loi. » Mais il est présumable que du jour où la loi des Douze Tables sera venue consacrer le principe de la liberté testamentaire, et où la pratique du testament plébéien *per as et libram* l'aura généralisé, l'intervention des assemblées *curiates* dégénérera en une simple formalité. On peut penser aussi que, du jour où les comices par *centuries,* organisés par Servius Tullius, fonctionnèrent à côté des comices par *curies*, ces derniers ne survécurent qu'à l'état symbolique. Trente licteurs représenteront les trente curies et donneront fictivement leur suffrage (2) ; mais on peut présumer qu'alors ces trente

(1) Mommsen, Histoire romaine, t. I, p. 207.
(2) Cicéron, Agrar. II, § 11 et 12 : « Curiata comitia tantum auspicio-

licteurs ne font qu'euregistrer purement et simplement la volonté du testateur.

On peut se demander si le testament *calatis comitiis* fut le monopole des comices par curie; nous le croyons malgré l'affirmation contraire de Niebuhr (1). Lorsque fonctionnent les comices par centuries, l'organisation publique de Rome est déjà moins aristocratique. Nous allons arriver au moment où les plébéiens vont pouvoir tester par la forme détournée de l'*œs et libram*. Mais est-ce à dire que le mode de tester *calatis comitiis* cessa d'être pratiqué le jour où les comices par centuries embrassèrent les rangs grossis des citoyens? Nous ne le croyons pas, et cela d'après les traditions même du peuple Romain. Chez les Romains, on n'abroge pas ce qui a été : on modifie; une institution n'était jamais supprimée brusquement; on en créait à côté une meilleure qui peu à peu éclipsait et remplaçait la première. Sous le règne de Servius (An. 176 ab urb. cond.) les comices par curies furent encore convoqués pour certains actes religieux, pour les institutions sacerdotales, pour la *lex curiata* concédant l'investiture de l'*imperium*, pour les testaments et les adoptions. Les fières familles praticienes gardèrent, croyons-nous, ce mode antique de tester : mais peu à peu cette forme tomba en désuétude, alors qu'on se rendit compte des inconvénients qu'elle présentait et que des formes nouvelles permirent d'y remédier.

Le rôle des pontifes, d'après les conjectures que l'on peut faire, devait être double; ils devaient avoir à s'assurer si le futur héritier avait assez de piété envers les dieux pour garantir qu'il ne négligerait pas les *sacra* ; ensuite, il est probable que les pontifes tenaient des notes exactes de

rum causa remauserunt. » — « Illis comitiis ad speciem atque ad usurpationem vetustatis, per XXX lictores, auspiciorum causa adumbratis. »

(1) Niebuhr, Histoire romaine, t. II, p. 245.

toutes les délibérations votées par les comices et qu'ils assuraient ainsi la garde des testaments faits *calatis comitiis*.

D'après ce que nous venons de dire, la présence du testateur aux comices était indispensable, d'où la conséquence que les femmes, les impubères, les sourds-muets, les pérégrins ne pouvaient pas tester. Mais, de ce que l'héritier désigné, à la différence de l'adrogé, n'était pas obligé d'y figurer, on doit conclure que ces mêmes personnes pouvaient être instituées.

De cette forme de tester découlent encore deux principes qui lui ont survécu et qui sont restés en vigueur pendant tout le règne du droit romain : 1° Les comices eussent été nuls s'ils avaient été interrompus. De là, la nécessité de ce qu'on appela plus tard *l'unité de contexte*. 2° S'il n'était pas nécessaire que l'héritier fût présent, au moins fallait-il qu'il fût vivant au moment où la loi l'agréait. De là, la règle que l'héritier doit avoir la capacité d'être institué, non seulement à la mort du disposant et au moment de l'adition d'hérédité, mais encore au moment de la confection du testament.

A côté du testament *calatis comitiis* existait le testament *in procinctu* (Gaïus. C. 2, § 101). Aulu Gelle le mentionne dans ses Nuits Attiques, (Liv. 15, ch. 27) mais sans donner aucun détail. Ce mode de tester n'était pas un mode privilégié ; il était de droit commun, comme le testament *calatis comitis*.

Procinctus, c'est l'armée équipée allant au combat. Les militaires pouvaient être loin de Rome aux époques fixées pour la confection des testaments devant les assemblées par curies, qui se tenaient au Forum. Il était donc utile d'établir pour eux un mode particulier de tester. On commençait par certaines cérémonies religieuses, dont parle Cicéron (*De natur. Deor.* L. 2, ch. 3), puis le testateur nommait à haute voix ses héritiers devant l'armée, comme cela se faisaient pour le testament des *pagani*, en présence des comices par curies. L'armée était la représentation des comices et, par son assentissement, donnait force de loi aux volontés du soldat. Plus tard, à la même époque probablement, où les comices par curies ne furent plus qu'un symbole, on se contenta d'une *nuncupatio* ou déclaration de dernière volonté, devant trois ou quatre compagnons d'armes, ainsi que nous l'apprend Plutarque dans sa *Vie de Coriolan*. Les compagnons d'armes au camp remplacent les trente licteurs à Rome. Ce testament contient le germe du testament militaire que nous retrouverons plus tard,

Il semblerait, d'après les expressions dont se servent les textes, que les soldats n'avaient le droit de tester qu'au moment de l'entrée en campagne : *ad bellum proficiscentes... cum belli causa ad pugnam ibant..., in prœlium exituri...* Mais tout d'abord il faut évidemment admettre la possibilité du testament *in procinctu* pendant toute la durée de l'expédition. De plus Velleius Paterculus, (Liv. 2 ch. V) semble indiquer que ce testament, — testament de droit commun et non pas privilégié ou exceptionnel, — pouvait se faire du jour où l'on était à l'armée, car de ce jour-là l'inconvénient existait : on ne pouvait se rendre aux comices.

Du caractère de droit commun qu'a le testament fait *in procinctu*, il résulte qu'il était indéfiniment valable après la rentrée du testateur dans ses foyers.

Mais ces deux formes primitives de testament à côté de certains avantages, offraient de nombreux inconvénients. La volonté de l'instituant était claire, elle était garantie contre la captation et les violences. Mais le secret n'existe pas, on ne peut tester qu'à deux époques annuelles ; pour révoquer les dispositions ultérieures, il faut une nouvelle loi ; on n'a pas la pleine et entière liberté de tester, puisque la volonté du testateur est suborbonnée à celle de l'assemblée ; enfin, nous l'avons dit, par suite de la composition des comices, le testament semble avoir été le monopole des patriciens.

Tous ces inconvénients devaient faire abondonner ces formes primitives ; et c'est ainsi que va prendre naissance, avant même la loi des Douze Tables, le testament *per æs et libram*.

SECTION II. — *Du testament « per æs et libram » dans sa première forme*

Nous avons dit déjà que le testament, par suite de l'organisation politique du peuple romain dut être au début le monopole des patriciens. Les patriciens observaient même un droit particulier. (Denys d'Halicarnasse L. 6 § 54) cite ce passage de la vigoureuse harangue d'Appius Clodius contre la populace : « Les nations qui nous entourent sont gouvernées par les grands, et chez aucune d'elles, il n'est concédé à la plèbe un droit égal a celui de la classe snpérieure. » Se voyant privés de la faculté de tester dans la forme solennelle, les plébéiens cherchèrent selon toute vraisemblance un moyen détourné de tester, en faisant une vente, une mancipation de leur patrimoine présent et futur ; ils inventèrent donc le testament *per æs et libram*. Chacun n'était-il pas libre de vendre son bien?

Ulpien nous dit (Reg., XX, § 2) que le testament *pér æs et libram* était une mancipation imaginaire. Mais il faut se garder d'attribuer aux paroles d'Ulpien une portée absolue. En effet, si nous nous reportons au second commentaire de Gaïus (§§ 101 à 105), nous voyons qu'aux deux formes primitives d'exprimer ses dernières volontés, il vint s'ajouter la forme *per œs et libram*, et que celle-ci, à une époque que le jurisconsulte ne nous indique pas, subit une grave modification. *Hoc vero solum, quod per œs et libram fit, in usu retentum est : sane nunc aliter ordinatur atque olim solebat.* Or, cette révolution qui s'opéra dans la célébration du testament *per œs et libram* consiste en ce que la mancipation faite par le testateur, de sérieuse et réelle qu'elle était autrefois, devint purement fictive et ne se conserva que comme souvenir historique : *Olim familiœ emptor, heredis locum obtinebat : nunc vero alius heres testamento instituitur, alius dicis gratia propter veteris juris imitationem familiœ emptor adhibetur.*

Concluons que le rite du testament *per œs et libram* était bien une *mancipatio imaginaria* au temps de Gaïus et d'Ulpien, mais qu'à l'origine, il était une vente véritable.

— Entrons dans les détails du testament *per œs et libram*. On met de côté la nécessité d'une intervention réelle du peuple et on applique à la transmission du patrimoine la solennité de l'*œs et libra*, déjà usitée pour transférer la propriété, pour créer et éteindre des obligations, et dans laquelle le peuple ne figure plus que représenté par cinq témoins, qu'on appelle, à cause de ce souvenir historique des cinq classes du peuple, les *classici testes* (Aulu Gelle, l. XV, c. 27, § 3). C'est là un vestige de la règle primitive que la propriété n'est régulièrement transmise qu'avec l'autorisation de l'Etat.

Huit personnages figurent sur la scène pour la confection du testament *per œs et libram* : le testateur, *mancipans* ; l'acquéreur du patrimoine, *familiœ emptor* ; un porte-balance, *libripens*, et cinq témoins. Seuls les trois premiers jouent un rôle actif, les autres regardent et écoutent.

Le *libripens* tient une balance de cuivre. Le *familiœ emp-*

tor jette un morceau de cuivre dans l'un des plateaux, en prononçant des paroles sacramentelles rapportées par Gaïus (II, § 104). Il n'est pas besoin qu'il touche les objets de l'hérédité ; il est admis que la présence des immeubles n'est plus indispensable dans la mancipation (Gaïus, I, § 121). Aucune nuncupation n'est exigée du testateur, tout se passe comme dans une mancipation ordinaire.

Le testament *per æs et libram* offre déjà sur le testament *calatis comitiis* un avantage évident ; on peut le faire quand on le veut. Mais il n'est pas sans imperfection. Il est irré-vocable, comme toute mancipation, si l'aliénateur n'a pas soin d'y ajouter un pacte de fiducie. Avec un pacte de fi-ducie, on fait promettre au *familiæ emptor* de remanciper la chose, dans le cas où le testateur se repentirait, et l'*actio fiduciæ directa* force l'institué à exécuter sa promesse. Du reste, même avec ce pacte de fiducie, la révocabilité est en-core incomplète : la remancipation ne rétroagit pas ; les droits réels, consentis par l'*emptor,* ne s'effacent pas. Un second inconvénient, c'est qu'un grand nombre de per-sonnes ne sauraient être instituées. Dans la mancipation, acte sérieux, l'*emptor* doit comparaître lui-même ou se faire représenter. Or, sans parler des étrangers ou des per-sonnes incertaines, on ne pouvait instituer les enfants, les femmes, les sourds, les muets, les captifs, les simples non présents, puisqu'ils ne sont pas à même de comprendre, prononcer ou entendre les paroles solennelles de la manci-pation.

Il est de même impossible d'instituer les enfants qu'on a en sa puissance, le *commercium* n'existant pas dans ce cas; par la même raison, on ne peut instituer son esclave, et si l'on meurt insolvable, la *bonorum venditio,* qui est une tache sur le nom et sur la mémoire du défunt, ne sera pas évitée. Ces conséquences prolongèrent probablement l'existence du testament *calatis comitiis*, auquel on était forcé de recourir pour instituer ceux qui ne pouvaient se porter *familiæ emptores*.

Enfin, un dernier inconvénient c'est que les dispositions du testament n'étant pas secrètes, l'héritier institué se trouvait à la fois exposé aux embûches des héritiers *ab intestat* et intéressé à la mort du testateur.

Tel était le testament *per æs et libram* dans sa première forme, moyen détourné pour les plébéiens d'arriver à tester et coexistant avec le testament *calatis comitiis*. Nous arrivons ainsi jusqu'à la loi des Douze Tables, qui accorde la liberté de tester (an. 303, ab urb. cond.). En inscrivant dans la cinquième Table le fameux principe : *Uti legassit paterfamilias super pecunia tutela ve suæ rei, ita jus esto,* les Décemvirs ne faisaient que consacrer une coutume populaire.

On a soutenu que le mot « *legassit* » contenait une allusion non pas à l'institution d'héritier, mais aux charges, aux legs secondaires que le testateur peut imposer à l'héritier institué. L'objection s'évanouit devant le texte suivant puisé au Digeste (l. 50, 16; l. 120) : *Verbis legis XII, Tabularum* uti legassit suæ rei ita jus esto *latissima potestas tributa videtur, et heredis instituendi et legata et libertates dandi.*

L'institution des comices par centuries, organisés par Servius, avait déjà diminué l'influence des comices par curies. En proclamant la liberté de tester, et grâce au mécanisme du testament *per æs et libram*, les décemvirs avaient porté le dernier coup aux Comices curiates. Bientôt les deux testaments *calatis comitiis* et *in procinctu* disparurent tout à fait : *in desuetudinem abierunt*, disent Gaïus (c. II, § 103) et Justinien (Inst., I, t. X, § 1).

Cicéron nous dit, en effet, dans le *De natura Deorum*

(II, 3) et le *De Oratore* (I, 53), que de son temps on ne connaissait plus ces deux formes de testaments.

La loi des Douze Tables allait ouvrir une ère nouvelle, et, sous l'influence du droit prétorien, nous allons voir se modifier et s'améliorer ces formes du testament *per æs et libram*, en même temps que prendra naissance une nouvelle forme de tester, plus rapide et plus simple, qui coexistera avec la forme civile, et qu'on désigne sous le nom de *testament prétorien*.

CHAPITRE II.

DE LA LOI DES DOUZE TABLES A THÉODOSE II
(408 de l'ère chrétienne).

SECTION I. — *Du testament « per æs et libram »* (dans sa seconde forme).

Vers la fin de la République et pendant les quatre premiers siècles de l'empire, le testament *per æs et libram*, dans sa seconde forme, fut le mode usuel du *jus civile*. Nous avons vu les inconvénients de ce testament dans sa première conception. Il fallait arriver à en corriger les imperfections, et ce dut être au moment où la loi des Douze Tables vint proclamer la liberté de tester, qu'on introduisit dans le testament *per æs et libram* les améliorations que nous allons indiquer.

Gaius (C. II, p. 103,) nous indique cette révolution : *Sane nunc aliter ordinatur atque olim solebat*. En quoi consista donc cet important changement ? Le même jurisconsulte nous l'apprend : *Nunc alius hœres testamento instituitur, a quo etiam legata relinquuntur, alius dicis gratia propter veteris juris imitationem familiæ emptor adhibetur.* Ainsi, l'héritier n'est plus nécessairement le *familiæ emptor*, l'hérédité n'est plus vendue, mancipée. Il y a bien encore un *familiæ emptor*, mais pour la forme seulement, *dicis gratia*; il y a bien encore l'apparence d'une mancipation, mais seulement par respect de la tradition, par réminiscence du passé ! Tout cela n'est plus le testament, ce sont des formalités qui l'entourent et le vivifient. C'est maintenant que le mot d'Ulpien est juste : *imaginaria mancipatio.*

Les formalités nécessaires à ce testament diffèrent peu en apparence de celles du testament *per æs et libram*. Toutefois, il y a deux choses nouvelles : 1° un écrit contenant le nom de l'héritier et les différentes volontés du testateur; 2° une nuncupation à haute voix.

La rédaction d'un écrit offre cet avantage de tenir les dispositions secrètes et de laisser en sûreté la vie du testateur et celle de l'institué. L'écrit peut être tracé, soit par le disposant soit par tout autre ; cependant on annule, comme suspectes d'avoir été captées, toutes les dispositions écrites de la main du destinataire lui-même (Liv. 34, Dig. loi I, tit. 8). Mais les tablettes ainsi rédigées ne sont encore qu'un projet. Pour leur donner une valeur, il faut la mancipation. Dans la mancipation tout se passe comme autrefois, seulement le rôle de l'*emptor* n'a plus rien de réel ; et quand il prononce ces mots : *esto mihi empto*, ce n'est plus qu'un mensonge légal qu'il débite : ce n'est pas lui qui est l'héritier, il ne sera pas le propriétaire de la *pecunia familiaque* ; il n'est plus qu'un acteur.

Après la pantomine de cette vente imaginaire, le testateur prend la parole. Tenant à la main ses tablettes, il déclare en présence des témoins que c'est là son testament, nuncupation qui a lieu en termes solennels, cités par Ulpien

(Reg. X, § 9) et par Gaüs (C. II, § 104). *Hæc ut in his tabulis cerisve scripta sunt ita do, ita lego, ita testor : itaque vos quirites, testimonium perhibetote.*

Comme pour le testament *calatis comitiis*, comme pour les *actus legitimi*, du reste, il faut ici l'unité de temps et d'action. Interrompre l'opération pour s'occuper d'un acte étranger rendrait nul le testament. (Dig., l. 21, § ult.; liv. 28.)

Remarquons en passant que ce nouveau testament *per œs et libram* présente des analogies avec le testament mystique du Code Napoléon.

Le testament ne serait pas valable, si les témoins ne recevaient pas une convocation spéciale : mais à la rigueur, il suffit qu'au commencement de l'acte on les prévienne qu'il s'agit d'un testament (Dig. liv. 28, lois 21, § 2 et l. 20 § ult. (Habituellement les témoins apposaient à l'extérieur des tablettes leur cachet et leurs noms; cela s'appelait *signare* et *adscribere* ou *superscribere* : il paraît même que cet usage finit par devenir obligatoire. Justinien (aux § 2 et 3, Inst. tit. 10, liv. 2.) et Théophile disent que l'apposition des cachets est une invention du prêteur; mais, d'après Cicéron (in Verrem II, 45) il paraîtrait que l'édit avait emprunté cette formalité au *jus civile*.

La nécessité de *l'adscriptio*, constatée au Digeste (l. 22, § 4, l. 30, tit. I, liv. 28), nous explique comment on pouvait permettre aux témoins d'employer le cachet d'un tiers ou de se servir tous du même.

Aucun texte n'exige ni la date ni le consul. Un fragment de Modestin, qui ne se trouve pas au Digeste, mais que Pothier rapporte (Pand., l. 28) nous dit même expressément que la date est inutile. *Quum in testamento, dies et consules adjecti non sunt, non nocet quominus valeat testamentum.*

Ces améliorations introduites, corrigent bien des inconvénients de l'ancien testament *per œs et libram*. Elle permet d'instituer ceux qui, sous l'ancienne forme étaient incapables de figurer comme *familiæ emptores* : les impubères, les fous, les prodigues, etc... Elle permet de révoquer *ad libitum* ses précédentes dispositions, en les déchirant, ou simplement en rayant le nom de l'institué. Enfin avec le système des *tabulæ*, le secret est gardé sur le nom de l'héritier.

Section II. — *Testament prétorien.*

Le droit civil s'était arrêté pour la forme des testaments aux adoucissements graduels que nous venons d'exposer ; mais le droit prétorien est allé plus loin encore, s'accommodant à des usages introduits et à une simplicité de formes plus utiles, il n'avait plus attaché d'importance à la *familiæ mancipatio* fictive, ni même à la *nuncupatio testamenti.*

Le *libripens* et le *familiæ emptor* se trouvant ainsi dépouillés de leur rôle symbolique et réduits à celui de simples témoins, le nombre de ces témoins était par là porté à sept. Mais l'édit du prêteur avait exigé une formalité nouvelle : l'usage s'était introduit de cacheter (*signare*) les tablettes du testateur, de manière qu'il fût impossible de les lire ou d'y rien changer sans briser le cachet. Le prêteur en fit une formalité rigoureuse ; il exigea que les sept témoins apposassent chacun leur cachet (*signaculum, annulum*). Tel était le testament *honoraire.*

Remarquons bien que le testament *per æs et libram* subsiste à côté du testament honoraire, et les résultats qu'ils produisaient n'étaient pas les mêmes selon la forme employée : si, dans la confection du testament on avait suivi les formalités du *droit*, le testament était valable d'après

le droit civil, il conférait l'hérédité ; si on avait suivi celles
de l'*édit*, il était valable d'après le droit prétorien. Dans ce
cas, il ne donnait pas l'hérédité civile, mais là possession
des biens.

L'idée du préteur est donc de supprimer toute formalité
inutile , le préteur simplifie, mais il ne détruit pas ; car à
Rome, il n'eut pas été sans danger de renverser brusquement une institution : ou l'aristocatie, fière de ses aïeux et
amoureuse du passé se fût irritée, ou la plèbe ignorante
eût pensé qu'on voulait toucher aux Douze Tables et lui
enlever les avantages de sa plus précieuse conquête. Aussi
croyons-nous que le préteur avant de rien innover, consul-
tait toujours les mœurs et les tendances populaires, tantôt
consacrait une pratique qui lui semblait bonne, tantôt cher-
chait à faire passer dans l'usage une pratique qui se déve-
loppait trop lentement.

D'après cela le testament prétorien dut prendre son origine, non dans l'esprit du préteur, mais dans celui du
peuple ; le préteur s'appropria l'usage de l'écriture et de
l'apposition des cachets qui lui parurent une garantie suffisante et tout aussi sérieuse qu'un simulacre de mancipation. Delà un article de l'édit conçu en ces termes et que
Cicéron rapporte : *Si de hereditate ambigitur et tabula testamenti non minus signis quam e lege oporteat ad me profe-
rentur, secundum tabulas testamenti possessionem dabo*
(Cic., *in verr.*, iii. 117).

Ces dispositions de l'édit étaient en pleine vigueur au
temps de Gaïus et de Ulpien (1).

Dans, le testament prétorien, les règles pour l'apposition
des cachets sont les mêmes que pour le testament *per æs et
libram* : c'est toujours d'une formalité extérieure, *super-*

(1) Gaïs, C. II, § 119, 147. — Ulpien, Reg. 23,6 et 28,6.

scriptio, qu'il s'agit. Mais cette *superscriptio* est aussi indispensable que le *signum ;* les *signa* et les *adscriptiones* se
posent en présence du testateur. (Code, L. 12. De Test.)

D'après les conjectures historiques et la marche du
droit, ce testament prétorien prit naissance vers l'époque
où se perfectionna le testament *per œs et libram,* c'est-à-
dire peu de temps après la promulgation de la loi des
Douze Tables.

SECTION III. — *Testament nuncupatif.*

Le développement historique de la forme des testaments
à Rome nous amène à parler maintenant du testament
nuncupatif, que Justinien a relégué au dernier paragraphe du titre X. « *Si quis autem voluerit sine scriptis ordinare jure civili testamentum septem testibus adhibitis, et sua
voluntate coram eis nuncupata fiet, hoc perfectissimum testamentum jure civili, firmunque constitutum.* » C'est là le
testament oral, qui vint remplacer, avec ses formes simples, l'ancien testament oral *calatis comitiis,* et qui coexista
avec le testament *per œs et libram* et le testament *prétorien.*

Ce testament est très ancien ; sans pouvoir indiquer l'é-
poque exacte de son introduction dans le droit romain,
nous le voyons apparaître dès les premières années de
l'empire, car une biographie d'Horace, attribuée à Suétone, nous apprend que c'est dans la forme nuncupative
que le poète exprima ses dernières volontés.

Pour tester dans la forme nuncupative, il suffisait donc
d'appeler sept témoins et de faire devant eux la déclaration
verbale de sa volonté. Mais n'y avait-il donc pas, à l'origine du moins, autre chose ? Le testament nuncupatif

était-il une forme à part, spéciale, ou n'était-ce qu'une nuance du testament *per œs et libram* ?

Le testament *per œs et libram* primitif n'exigeait, nous l'avons vu, aucune parole. Dans sa forme perfectionnée, il se faisait ordinairement avec un écrit ; mais il pouvait se dresser aussi sans aucune écriture, à l'aide d'une nuncupation, de sorte qu'au début le testament nuncupatif ne fut qu'une nuance du testament *per œs et libram*. Un fragment d'Ulpien au Digeste (loi 21, liv. 28) semble le démontrer : « *Licebit testanti vel nuncupare heredes, vel scribere, sed si nuncupat palam debet.* » — Ces mots : *vel nuncupare, vel scribere* n'indiquent pas deux modes différents de tester, mais une simple alternative pour le testateur de dire ou d'écrire le nom de son héritier. Aussi, dirons-nous qu'au début, pour tester dans la forme nuncupative, il faut la balance, la pièce d'airain et la pantomime de la mancipation ; seulement, au lieu de présenter un écrit aux témoins et de prononcer une nuncupation générale et vague qui en confirme le contenu, on prononce à haute voix le nom de l'institué et les charges particulières qu'on lui veut imposer.

Le testament oral ou nuncupatif ne devint un mode distinct de tester que lorsque le droit romain, envahi par le droit des gens et subissant l'influence du christianisme, devint moins matérialiste et se débarrassa des vieilles formules. On a dit souvent que la forme nuncupative pure avait été organisée par une constitution de Théodose et de Valentinien (C., liv. 21, *Hac consultissima*, § 2, an. 439). Mais elle semble bien plutôt résulter de l'abrogation décrétée par Constantin II, de toute formule sacramentelle en matière de testament (C., l. 15, *De test.*, an. 339). La loi *hac consultissima* ne fait donc que consacrer une coutume établie depuis un siècle.

Le formalisme de la mancipation étant abrogé, la balance, la pièce d'airain et les mots que prononçait l'acheteur apparent de l'hérédité n'étant plus utiles, on garda cependant en scène l'ancien *libripens* et l'ancien *familiæ emptor*, mais leur rôle ne fut plus que celui des témoins ordinaires, d'où le nombre de *septem testes*. Les témoins du testament oral ont toujours dû comprendre la langue du testateur.

Jusqu'à Constantin II, les testaments ne pouvaient se faire qu'en latin. A partir de l'abrogation des formules, il dut pouvoir se faire en grec. Aussi, lorsque la loi *hac consultissima* porte : « *Illud etiam huic legi prospeximus inscrendum ut etiam græce omnibus liceat testari* (§ 3) », nous croyons quelle ne fait que ratifier une pratique généralement admise.

Nous arrivons ainsi à la Législation de Théodose II.

CHAPITRE III.

LÉGISLATION DE THÉODOSE II (AN 439).

TESTAMENT TRIPARTITE.

Enfin, il se produisit dans la manière de tester un dernier et très célèbre changement. Théodose II codifia la matière dans une Loi fameuse qui est la Loi *Hac consultissima* (Loi 21 au Code, liv. 6, tit. 23). Il combina ensemble le testament civil *per æs et libram*, le testament prétorien et un élément tout nouveau, et de ces trois éléments, il fit un seul et unique testament qui s'appela *tripartitum* à cause de sa triple origine. Remarquons que c'est le testament privé écrit.

On peut se demander si ce testament tripartite fut introduit d'un seul bloc dans la législation romaine par Théodose II. Nous ne le croyons pas. De telles innovations aussi importantes, aussi subites, sont trop en contradiction avec la marche ordinaire du Droit à Rome. Nous aimons mieux croire que Théodose II, en proclamant les règles du nouveau testament dans la Loi 21 au Code ne fit que consacrer des usages déjà anciens. Il est probable qu'avec le nombre des transactions qui augmentait toujours, avec les progrès du droit dans les matières voisines, surtout dans tout ce qui touchait aux obligations et aux contrats, les plébéiens, les commerçants avaient pris l'habitude d'être prudents, et avaient inventé les précautions les plus sages dans la confection de leurs actes et de leurs contrats. Cette prudence s'étendit aux testaments et se manifesta par l'exigence de l'écriture, et par la nécessité de la confirmation de l'écriture au moyen des témoins et de l'apposition des cachets et des signatures, *adscriptio* et *subscriptio*. Ce secret absolu réservé aux dispositions testamentaires devait donc être déjà pratiqué dans l'usage avant d'avoir été consacré par la constitution de Théodose II.

Voyons successivement les éléments essentiels dont se compose le testament tripartite : Ces éléments sont au nombre de deux.

1° *L'écriture*. — L'écriture est de l'essence de ce testament. (Loi *hac consultissima*, in princip , et § 1.)

Cette écriture peut être soit de la main du testateur ou de quelqu'autre personne ; mais il faut qu'il soit certain que le testateur a dicté le testament (Loi 21, § 2) ou du moins il est nécessaire qu'il n'y ait ni preuve ni circonstance qui puisse faire présumer que le testateur n'a pas dicté sa volonté à l'écrivain ; car ce serait alors non pas la volonté du testateur dont dépend l'efficacité du testament, mais celle de l'écrivain. C'eût été, pour ainsi dire, tester par procureur, ce qui n'est pas possible, puisque la loi n'a aucun égard aux dispositions qui dépendent de la volonté d'autrui. (Loi 32. *De hœrede Instit.*) Si le testateur avait écrit lui-même le testament, il n'avait pas besoin de signer la partie interne contenant les dispositions ; il devait la signer si un autre l'avait écrite : mais il n'était pas nécessaire que le testament fît mention que le testateur l'avait lue, la loi n'exigeant pas cette formalité.

Peu importait que l'écrivain ait été un homme ou une femme, car la loi n'exclut pas les femmes de prêter leur ministère pour écrire les testaments d'autrui. La loi 6 § 3 et la loi 15 § 5 (Loi *Cornelia de falsis*), prouvent au contraire que les femmes avaient cette liberté. Il n'importe pas que l'écrivain soit libre ou esclave, même d'autrui pourvu que l'esclave ait fait l'écrit *jussu testatoris.* (Loi 28 *Dig. Qui test. fac. pos.*) Enfin il est indifférent que le testament soit écrit sur du papier ou du parchemin ou sur quelqu'autre matière (Instit. § 12. *De test., ordin.*)

2° *Confirmation et authenticité de l'écriture.* — Théodose II assure la confirmation et l'authenticité de l'écriture au moyen de quatre prescriptions essentielles

I. — Sept témoins, qui doivent être citoyens romains, mâles et pubères (Loi *hac consultiss.*) assisteront au testament. Ces témoins doivent encore savoir écrire parce qu'ils signeront le testament. Si un seul témoin manque ou s'il ne remplit pas les conditions requises, le testament est nul.

Cependant le testament auquel est intervenu comme témoin un esclave qui passait généralement pour être libre est maintenu et l'on applique cette disposition favorable, par extension, à d'autres hypothèses d'une analogie parfaite : *Error communis facit jus.*

Il fallait de plus que les témoins fussent requis et priés pour assister à la faction du testament (Loi 21 au Code). Leur présence devait être volontaire et non pas forcée. Ce nombre de sept témoins venait du droit prétorien.

II. — Le testateur devait présenter aux témoins l'écrit plié ou enveloppé, en leur déclarant qu'il contenait son testament. Il était dressé acte de cette déclaration sur la partie extérieure du testament, mais auparavant la partie interne du testament devait être signée du testateur ou d'un huitième témoin, si le testateur ne savait point écrire, et qui signait alors au nom du testateur.

Si le testateur avait écrit lui même le corps du testament, il n'était pas nécessaire qu'il signât, ni à l'extérieur ni à l'intérieur (Loi 28, Code, *de Test.*). Cette signature de testateur et des témoins à l'intérieur du testament était ce qu'on appelait la *subscriptio.* C'est cette formalité introduite par Théodose le Jeune qni constitue l'élément nouveau du testament *tripartitum.*

III. — Théodose II maintient toujours la nécessité de l'*adscriptio.* ou *superscriptio,* c'est-à-dire de la signature des témoins et de l'apposition de leurs cachets sur la partie externe du testament. Cette apposition des cachets s'appelait *signatio.* Cet usage qui dérive du testament prétorien et qui, pour les documents écrits, était d'ailleurs expressément prescrit par un sénatus-consulte de Néron (1), avait

(1) Maynz, Cours de drcit romain, t. I, p. 306, note 39.

l'avantage de faire connaître les témoins et de permettre
ainsi qu'on les appelât pour assister à l'ouverture du testament. La loi 30 (Dig. *Qui test. fac. pos.*) exige encore que
chaque témoin, en apposant son seing, exprime en même
temps le nom de celui dont il souscrit le testament : la
formule était : *Ego Lucius Titius Gaïi testamentum signavi.*

Les lois de Théodose et de Justinien ne disent rien de
cette déclaration, mais nous la trouvons dans des exem-
plaires de testaments anciens qui nous ont été consrevés.

Rappelons qu'il était indifférent que les témoins scel-
lassent le testament avec leur propre cachet, ou avec celui
de quelqu'autre, ou même tous avec le même.

IV. — Enfin ces différentes formalités devaient être
remplies *uno contextu*, c'est-à-dire dans le même temps,
tout de suite, sans diversion à aucun autre acte. (Loi 21,
Dig., Liv. 28). Cette unité, qui était une nécessité des anciennes formes civiles, alors que les comices statuaient sur
le testament, est expressément exigée par le droit nouveau.
L'unité de contexte comprend : 1° la réunion simultanée des
témoins en présence du testateur, *in conspectu testatoris ;*
2° la nécessité de faire et d'achever le testament *uno eodem
que die et tempore*; cependant ce serait interpréter le texte
trop rigoureusement que de soutenir qu'un testament
commencé dans la soirée ne peut être achevé après minuit.
Il suffit comme le dit la Loi 7, §.2, (Code Théodos., 4, 4),
« *ut eodem die quo cœptum quid eorum fuerit, ad perfec-
tum sui plenitudinum sortiatur, nihilque ejus in diem alterum differatur.* »

3° Enfin l'unité de l'acte même, c'est-à-dire que les opé-
rations que nous venons de décrire se fassent et s'achèvent
sans interruption, et particulièrement sans qu'il soit pro-
cédé à d'autres actes. Tout cela est de rigueur ; cependant

des interruptions momentanées, commandées par des né-
cessités corporelles du testateur ou des témoins ne sont
pas des causes de nullité. La loi 28 au Code (liv. 6, tit. 23)
entre dans de nombreux détails.

Tel est le testament introduit dans la législation romaine
par Théodose II.

CHAPITRE IV.

LÉGISLATION DE JUSTINIEN

SECTION I. — *Modifications apportées par Justinien au testament tripartitum.*

Justinien introduisit plusieurs modifications au testament tripartitum.

I. — L'empereur se préoccupa des testaments faits par
les gens de la campagne et, tenant compte des difficultés et
souvent même des impossibilités que les *rustici* pouvaient
rencontrer, il diminua le nombre des témoins exigés *jure
communi* et le réduisit à cinq, lorsqu'on n'en pourrait
trouver un plus grand nombre. Et parmi ces cinq témoins
il suffit qu'il y en ait un ou deux qui signent et pour eux
et pour ceux qui ne savent pas écrire, sous la condition
toutefois qu'on n'en trouve pas un plus grand nombre
sachant écrire ; mais il est nécessaire alors que tous les témoins connaissent la volonté du testateur et toutes les dispositions qu'il a faites, surtout le nom des héritiers, et
cela, afin d'en porter témoignage avec serment devant le

juge. Le testament serait nul s'il n'était pas fait en présence de cinq témoins. (Loi *ab antiquis*, 31 Code, *De testam.*) Ce n'était donc que conditionnellement qu'il était permis aux *Rustici* de tester avec un nombre restreint de témoins dont un ou deux seulement savaient signer : Cependant les auteurs n'avaient pas tardé à faire de cette tolérance une décision absolue en autorisant les testaments faits aux champs avec cinq témoins, sans s'informer si l'on avait pu en trouver un plus grand nombre.

Remarquons que pour faciliter encore davantage le testament rustique l'empereur, n'exige aucune apposition de cachets.

II. — Nous avons vu en étudiant les formes du testament tripartite que pour les cas où le testateur ne saurait ni écrire ni signer, la constitution de Théodose exigeait un huitième témoin. Mais Justinien déclara la signature du testateur inutile toutes les fois que l'acte exprimerait qu'il a été entièrement écrit de sa main (Loi 28, §I, C., *de testam.*). Il n'est pas douteux en effet que l'on pouvait faire écrire ses dispositions par une personne quelconque, pourvu qu'elle ne fût pas gratifiée dans le testament.

III. — Enfin, dans le § 4 du tit. X aux Institutes, Liv. 2 nous trouvons une dernière innovation de Justinien, innovation d'ailleurs passagère. D'après les Institutes et la constitution impériale qui est visée (Loi 29, C. *de test.*) l'Empereur ordonnait que le nom de l'héritier devrait être écrit de la propre main du testateur. Mais Justinien revint plus tard sur cette décision et l'abrogea par la Novelle 119 (Cap. 9).

Section II. — *Testaments exceptionnels*

Parmi les testaments qui s'écartent de la forme régu-
lière, décrite dans les chapitres précédents, un seul exige
plus de formalités ; tous les autres sont privilégiés en ce
sens qu'ils sont soumis à des formalités moindres.

I. — *Testament de l'aveugle*. — Le testament de l'aveugle exige, outre l'intervention des sept témoins, celle d'un
tabularius, qu'il ne faut pas confondre avec un *tabellio* ;
ou à défaut d'un *tabularius*, d'un huitième témoin. En
présence de ces huit personnages, le testateur peut faire
une déclaration verbale. Il explique aux témoins pourquoi
il les a convoqués, puis il leur désigne individuellement
ses héritiers par leurs noms, qualités et dignités, de
manière à éviter toute confusion et la quote part exacte
qu'il attribue à chacun d'eux dans son hérédité. Cette *nuncupatio* est prononcée *uno eodemque loco et tempore* et le
tabularius la transcrit de sa main sous les yeux des témoins
L'écrit est signé et scellé par le tabulaire et les témoins.
Ou bien le testateur peut présenter aux témoins un écrit
contenant ses dispositions. Dans ce cas, l'empereur ordonne
comme condition extraordinaire, qu'il soit donné lecture
de l'acte testamentaire par le *tabularius* ; puis le testateur
déclare que ce sont bien là ses dernières volontés ; les huit
personnes convoquées y apposent leur seing et leur cachet.
(Code, Loi 8, *Qui test. facere possunt*, 22.)

Quant au sourd-muet de naissance, toute faction de testament lui est refusée.

II. — *Testament des sourds et muets*. — L'homme qui a

perdu l'usage de l'ouïe et de la voix par accident peut tester en écrivant lui-même ses dispositions. A fortiori le mu-
tisme sans surdité ne détruit-il pas la *factio testamenti*,
mais le simple muet, comme le sourd-muet est tenu d'écrire
ses volontés. (Code, Loi 10, *Qui testam. fac. poss.*).

III. — *Du testament fait en temps de peste*. — La forme
du testament en temps de peste est selon la loi 8 (Code, *de
test.*) la même que celle des autres testaments *jure communi*
sauf une modification. Les témoins, dont le nombre est toujours le même, ne sont pas obligés d'être réunis autour du
testateur dans le même instant. Ils peuvent se présenter
l'un après l'autre pour entendre les dispositions du tes
tateur ou pour signer et sceller l'acte de suscription. On
a l'habitude d'appeler cette forme *testamentum tempore
pestis conditum*, bien que la loi parle de *contagio* en général, tout en supposant le cas d'une maladie grave ou
exceptionnelle : *casus major et novus*.

IV. — *Du testament « inter liberos »*. — Nous savons
qu'à Rome au début, le seul lien successoral reposait sur
la parenté agnative ; et que les liens de la nature et du
sang, en un mot la cognation, ne comptaient que peu. Sous
l'influence du droit prétorien, et au moyen des *bonorum
possessiones*, le cadre des héritiers cognatis s'élargit peu à
peu. Le droit s'humanisait, se spiritualisait. Il fit dans
cette voie de sensibles progrès, sous l'influence des doctrines du christianisme ; de là de grandes faveurs accordées
au testament écrit, par lequel les ascendants instituent
pour héritiers leurs descendants immédiats, sans concours
d'autres personnes. Des constitutions de Constantin, de
Théodose II et de Justinien ont accordé à cet acte appelé
testamentum parentum inter liberos, de véritables privi-

lèges de formes. Ces lois, et en particulier la Novelle 107 de Justinien qui codifie la matière, ont donné lieu à des difficultés dans le détails desquelles nous n'avons pas à entrer. Nous devons seulement rechercher ce qui se rapporte à la question des formes.

D'après l'ensemble des dispositions, il semble suffire que la dernière volonté de l'ascendant soit constatée par un document dans lequel le testateur a écrit lui-même : d'abord, la date du testament (Nov. 107, C. I) : ensuite le nom des intitués et les parts pour lesquelles ils sont institués ; ces parts doivent être indiquées en toutes lettres. Si toutes ces conditions ne sont pas remplies, il faut que l'acte de partage soit signé en présence de l'ascendant par tous les enfants.

La Novelle de Justinien contient encore cette disposition particulière que pour révoquer pareil testament, il ne suffit pas d'un testament fait dans la même forme, mais qu'il faut une déclaration expresse faite dans un testament régulier et solennel (Nov. 107, C. 2). Une autre dérogation concerne les témoins. Aucun témoin n'est exigé, lorsque le testament ne contient aucun legs, ni fidéicommis en faveur de personnes étrangères. Si le testament renferme une disposition en faveur d'une personne étrangère, ces dispositions doivent être alors écrites de la main du testateur et nous retombons alors, au point de vue de la présence et du nombre des temoins, dans le droit commun, auquel la Novelle 107 est une dérogation absolue.

Ainsi que le fait remarquer M. Maynz, il ne faut pas confondre, avec ce testament privilégié que les commentateurs ont l'habitude d'appeler *testamentum parentum inter liberos*, le simple partage qu'un ascendant fait entre ses descendants immédiats en vue d'une succession *ab intestat*, *divisio parentum inter liberos*. Pareil partage qui n'exige d'autre formalité que rédaction par écrit et signature de l'ascendant ou des enfants (Nov. 107, C. 3) est valable et obligatoire en tant qu'il ne contient aucune violation des dispositions légales, concernant la réserve légitime et la falcidie.

SECTION III. — *Du testament militaire.*

Le testament militaire n'est pas, ainsi qu'on pourrait le croire de prime abord, un acte identique à l'ancien testament *in procinctu.* Celui-ci était de droit commun comme le testament *calatis comitiis* ; il avait été créé pour tous les membres de la cité qui étaient tous soldats. Celui-là n'a été créé que pour une classe de citoyens ; il était une faveur, une flatterie adressée au parti militaire, dont l'influence à Rome grandissait chaque jour. On sait avec quelle facilité se faisaient et se défaisaient les empereurs : une révolte de prétoriens : et c'en était fait de la puissance impériale. Aussi beaucoup d'empereurs cherchèrent-ils par des privilèges accordés aux testaments militaires, à se concilier la faveur des légions, espérant par là prolonger leur pouvoir et affermir leur trône.

Ulpien nous apprend que Jules César, le premier, accorda aux soldats des franchises pour la confection de ces testaments, mais sous forme de concessions temporaires. *Militibus liberam testamenti factionem primus quidem divus Julius Cæsar concessit sed ea concessio temporalis erat* (Ulp., Dig., Loi 1, *de testam. milit.*). Ces faveurs furent confirmées et étendues par Titus et Domitien. Nerva et Trajan les rendirent définitives et perpétuelles, et les successeurs de ces empereurs, jusqu'à Justinien, continuèrent dans cette voie.

Les avantages compris dans le *privilegium militis* se rapportent non seulement à la forme du testament, mais aussi à son contenu et à son efficacité, ainsi qu'à la capacité du testateur. Nous ne retiendrons de ces privilèges divers que ce qui concerne notre sujet.

Pour tester, les militaires sont dispensés de l'observation de toute formalité : *Faciant testamenta quomodo volent, faciant quomodo poterint, sufficiatque ad bonorum suorum divisionem faciendam nuda voluntas testatoris.* Il suffit que le soldat déclare sa volonté d'une manière certaine, impliquant sans aucun doute l'intention de tester. C'est ainsi que le militaire a le droit de tester verbalement devant un seul témoin ; et encore, ici, la présence du témoin n'est-elle pas requise au point de vue de la forme mais au point de vue de la preuve ; ou bien il peut tester par un simple écrit de sa main, sans aucun témoignage et sans apposition de son cachet et de sa suscription. Constantin va même plus loin « *Si quid in vagina aut clyspeo litteris sanguine suo rutilantibus adnotaverint, aut in pulvere inscripserint gladio suo... hujus modi voluntatem stabilem esse oportet.* » (Loi 15, C. *de test. milit.*) Donc, est valable un testament tracé dans la poussière avec la pointe d'une épée. Avant d'aller au service, un Romain avait-il fait des dispositions nulles, elles deviennent valables s'il y ajoute quoique ce soit (Loi 20 C, *ibid.*), alors qu'il est au camp.

Il est censé dans ce cas les avoir relues et recommencées. Il est probable même qu'elles deviennent valables, *ipso facto*, sans que le soldat soit obligé d'y toucher. (Ulp. Loi 15, § 2 *de test. milit.*). Il peut avoir plusieurs testaments ou ne tester que pour une partie de son patrimoine (Dig. Lois 19 et 39 *de test. milit.*). Sans institution d'héritier, sans aucune exhérédation des enfants, ses volontés particulières ont force de loi.

Mais cette *nuda voluntas*, qui, à elle toute seule, est un testament, doit évidemment être très sérieuse, et la recommandation qui se trouve au Digeste (Loi 24 *De test. milit*) de ne pas regarder comme un testament, les paroles qui viendraient sur les lèvres d'un militaire dans une conversation insignifiante : « Je te fais mon héritier, je te laisserai ma fortune » est insignifiante et superflue.

Pour tester militairement il faut être immatriculé sur les registres de l'armée, *in numeros relati* (Dig. L. 42, de test. milit.). Ces privilèges appartiennent à tout militaire y compris les soldats de la flotte et les marins des escadres impériales (Dig., *de bonor. poss. ex test. milit.* 37, 13), et même aux personnes civiles attachées à l'armée pendant qu'elles se trouvent en pays ennemi. (Dig., ibid. 37, 13, Loi 44.)

Cependant les testaments faits par ces personnes tombent dès qu'elles rentrent dans le pays, tandis que ceux des soldats et des marins conservent leur force pendant toute la durée du service et encore un an après leur sortie. Ce laps d'un an est accordé pour que les vétérans aient la facilité de recommencer leurs dispositions en employant les formes du droit civil. Il n'est octroyé qu'à ceux qui ont obtenu un congé honorable. (Loi 4, § 7 Dig., ibid.)

Avant Justinien, du moment qu'un citoyen était soldat, il avait la faculté de tester dans la forme privilégiée pendant toute la durée du service, qu'il fût ou non en campagne. Cela résulte et de l'antithèse qu'on rencontre fréquemment dans les textes entre *milites* et *pagani* (Gaïus II, § 106, Dig., Loi 9., § 1, *de test. milit.*) et des lois 20 et 42 au Dig. (*ibid.*), Depuis cet empereur, c'est seulement quand ils sont en expédition que les militaires peuvent faire leur testament, sans observer les formes du testament paganique. (Dig., Loi 20 et 42 *De test. milit.*)

Section IV. — *De la date dans les différentes formes de testaments.*

On peut remarquer que dans l'étude de ces différentes formes de testaments, il n'a jamais été question d'une formalité, qui dans notre droit moderne, est considérée, et à juste titre, comme une des plus importantes : nous voulons parler de la date des testaments. Or, on peut se demander ce que décidait le droit romain sur ce sujet. Nous trouvons des textes contradictoires sur la question. Remarquons tout d'abord que les textes du Digeste n'exigent point la mention si importante de la date du testament. Il est vrai que l'usage de dater les testaments paraît avoir été général. Suétone nous l'apprend dans sa vie d'Octave (§ 101) de même au Dig (Loi 2, § 6. *Testamenta quemadm. aperantur*, 29, 2).— Deux auteurs du IVᵉ siècle, Libanius (1) et Chrysostome (2) ne parlent à leur tour comme d'une condition essentielle, mais il faut remarquer que le texte du Digeste mentionné plus haut ne fait pas de la date une obligation, et que les écrits de Libanius et de Chrysostome n'ont aucune force probante au point de vue strictement juridique. Enfin ces allégations, produites par des non jurisconsultes ne nous semblent pas devoir tenir en présence d'un fragment de Modestin, qui dit expressément : « *Cum in testamento dies et consules adjecti non sunt, non nocet quo minus va leat testamentum.* » Or cette affirmation d'un jurisconsulte qui jouissait d'une grande autorité n'est contredite par aucune loi postérieure.

(1) Libanius, Panegyr. in Juliani consulat., p. 230, edit., Morelli.
(2) Chrysostome. Homilia secunda de Osia, in opp., t. III, p. 740, édit., Francof.

Enfin une dernière raison nous porte à décider que la date n'était pas exigée d'une façon obligatoire dans le testament. Dans une espèce tout à fait exceptionnelle, Justinien exige la date. C'est lorsqu'il s'agit du *testamentum parentum inter liberos*; la novelle 107, que nous avons déjà citée, exige (C.,1) alors la date comme condition essentielle et èn dehors de tout droit commun. « προτὸν μεν άυτοις προγραφειν τον χρονον, » dit le texte. Or il nous semble qu'on peut conclure de cette exigence spéciale, dans un cas spécial, qu'en droit commun, la date n'est pas exigée comme condition essentielle du testament à Rome.

CHAPITRE V.

Influence du christianisme sur la forme des testaments.

Nous avons dit déjà que sous l'empire des doctrines du christianisme, le droit civil romain avait perdu quelques peu de sa rudesse et de son formalisme exagéré. Comme le dit M. Troplong(1) « les formes anciennes ne pouvaient plus s'acclimater sous l'esprit nouveau, le christianisme les desséchait. Un autre ordre d'idées appelait un autre ordre de formalités. » Il eût été plus juste peut être-de dire que le nouvel ordre d'idées devait amener l'abandon de ces anciennes formalités ; et c'est ansi que nous allons voir, quelques années à peine après la mort de Constantin, un

(1) Troplong, Influence du christianisme sur le droit civil des Romains, p. 126-127.

de ses fils, Constance, abolir d'une manière générale et dans tous les actes, la tyrannie déjà si ébranlée des formules sacramentelles (Loi 1, Code, *De formulis*). C'est ainsi que disparaissent, dans la matière qui nous occupe, les formules des legs, les institutions d'héritiers testamentaires; on n'y voyait plus qu'une chasse faite à la bonne foi avec les pièges des syllabes : *Aucupatione syllabarum insidiantes*.

D'ailleurs, au point de vue même de la constitution de la famille, l'ordre social et politique s'était profondément modifié. La parenté agnatique avait bien perdu de son antique importance; les mœurs, et les lois après les mœurs, faisaient une plus large place aux liens résultant de la parenté naturelle.

Une autre notion s'était encore développée à Rome, c'était la notion de la propriété individuelle ; l'institution successive des divers pécules, *castrans, quasi castrans, profectice, adventice*, avait singulièrement diminué l'omnipotence du *pater familias* sur les biens patrimoniaux. Chacun, même ceux qui étaient encore *filii familias*, c'est-à-dire soumis à la puissance paternelle, avait pu enfin arriver à posséder en propre ; et peu à peu était parvenu à disposer par testament de ce qui formait leur bien. Aussi les empereurs chrétiens encouragèrent-ils la liberté des formes testamentaires. Le droit romain, si matérialisé à l'origine, si enserré dans le cadre étroit des formules, prenait, sous l'influence des doctrines spiritualistes, un plus large essor : de là les facilités données aux testateurs, et qui aboutissent à deux nouvelles formes de testaments dont il nous faut dire un mot.

SECTION I. — *Des testamenta publica.*

Ces deux modes de tester, créés sous les empereurs chrétiens, ont l'habitude d'être nommés testaments publics,
par la raison qu'ils exigent l'intervention d'une autorité
constituée.

I. *Testamentum principi oblatum.* — Cette forme paraît
avoir été en usage dès avant le règne d'Honorius et de
Théodose II. C'est ce qui résulte du commencement de la
loi 19 au Code (*De Testam.* 6, 23). Le testateur adressait à
l'Empereur sa disposition de dernière volonté. Cette disposition était alors communiquée et récitée dans le Conseil du
Prince, puis déposée dans les archives de la Couronne
(Nov. Valent., tit. 21, C. 1, § 1, 2 et 3), après que le prince
eût apposé sa signature sur l'acte. Aucune autre formalité
n'était exigée, la présence d'aucun témoin n'était requise.

II. *Testamentum apud acta.* — Il en était de même dans
le testament *apud acta ;* le testateur se rendait devant l'autorité judiciaire ou municipale et y faisait verbalement sa
déclaration qui s'appelait *publicatio.* L'autorité dressait de
cette déclaration un procès-verbal signé du juge ou du magistrat municipal et qui était ensuite déposé dans les archives.

On peut augurer de ces deux modes de tester et de ce
qu'ils exigent l'intervention d'une autorité, qu'ils don-
naient lieu à la perception de certains droits au profit, soit
du trésor du prince, dans le testament *principi oblatum,*

Querenel.   4 soit au profit du fisc ou de la curie dans le testament *apud acta*.

Cujas a prétendu qu'on transcrivait aussi sur les registres judiciaires les testaments solennels privés.

Nous ne le croyons pas, car cette prétendue transcription, dont il n'existe nulle trace, n'est pas même possible. Une foule d'exemples qui se sont conservés jusqu'à nous montrent que les actes portés sur les registres étaient inscrits intégralement. Or pour lire le testament solennel il eût fallu briser les cachets et détruire ainsi toute la solennité de l'acte. Les testaments judiciaires dérivent plutôt des testaments nuncupatifs. En effet sept personnes, ou un plus grand nombre présentes à la Curie, écoutaient la lecture du testament, faisant office de témoins, et l'ancienne mancipation, seule formalité qui lui manquât, était suppléée par la dignité du magistrat ou de la Curie (1).

SECTION II. — *Du testament en faveur de la cause pie.*

Sous l'empire des nouvelles doctrines un changement devait se produire dans l'organisation de la propriété à Rome, qui allait faire oublier ce qu'on en croyait être l'origine primitive. D'après les principes de l'ancienne constitution romaine, la propriété des objets les plus précieux, c'est à dire des choses *mancipi*, était censée provenir de l'Etat. C'est à cette origine de la propriété à Rome qu'il faut rapporter en partie la nécessité de l'intervention de l'autorité publique dans la confection des testaments. C'est aussi en souvenir de cette origine que, sous les empereurs païens, il avait été

(1) M. de Savigny, Histoire du Droit romain au moyen âge, t. I, ch. 2, p. 84.

de mode de donner au prince une place dans les actes de dernière volonté.

Mais les chrétiens n'avaient jamais admis cette hypothèse d'une concession de la propriété par l'Etat. Dans leurs principes, la terre appartenait à Dieu avec tout ce qu'elle contient (1). L'appropriation était de droit divin . elle était le fruit du travail ; elle était sacrée, dit M. Troplong. La propriété resta donc un droit de la nature, inhérent à l'homme. Par là, la raison de l'Etat source de la propriété romaine s'effaça rapidement des convictions populaires, les dispositions en faveur du prince tombèrent en désuétude et furent remplacées par des legs pieux en faveur de l'Eglise. Par ces legs, les chrétiens exprimaient leur croyance dans la source divine de la propriété ; ils voulaient faire remonter la propriété à son origine par des témoignages de reconnaissance pour un Dieu bien autrement puissant que l'Etat lui-même, et dispensateur souverain de tous les biens. Les empereurs encouragèrent ces dispositions, et l'on peut se demander ce que le droit édicta à propos de ces testaments en faveur de la cause pie.

A cet égard et quoique le droit romain n'eût pas réglé la forme de ce testament, et qu'il ne l'eût pas dispensé des formalités prescrites pour les testaments *jure communi*, les interprètes avaient accordé tant de faveur et de privilèges à ces testaments, que non seulement on les dispensait de toutes les formalités du droit, mais que l'on n'exigeait qu'une simple preuve de la volonté *quoquo modo*. On mettait ainsi ce testament en faveur de la cause pie, suivant la remarque de Furgole, au même niveau et au même degré privilégié que le testament *inter liberos ;* mais tout cela était contraire à la disposition du droit romain,

(1) Saint Paul, Ép. aux Corinthiens, I, X, 26.

dans la loi 13 au Code (*De sacrosanctis eccles.*, l. I, tit. 2) qui consacre toute liberté testamentaire au profit des œuvres, mais sans dispenser d'aucune des formalités exigées par le droit commun : *id omnibus modis ratum firmumque consistat*, dit le texte.

Nous terminons ainsi tout ce qui a rapport aux formes externes des testaments; il nous reste à examiner dans une seconde partie les formes internes des testaments, d'après l'expression ordinaire des commentateurs.

DEUXIÈME PARTIE

Formalités internes.

Outre les formalités visibles, sensibles, dont nous verrons de parler dans la première partie de cette étude, il est deux clauses qui, bien que régies par des règles de fond, sont astreintes à un formalisme subtil. Nous devons donc, à ce dernier point de vue, en faire mention. Les commentateurs, et spécialement Pothier, les appellent formalités *internes :* ce sont l'institution d'héritier et l'exhérédation des enfants.

Section I. — *De l'institution d'héritier.*

L'institution d'héritier est la désignation de celui qui sera le continuateur de la personne juridique du testateur. C'est, dit Gaïus, *caput et fundamentum totius testamentï.* (Com. II, § 229). Sans pareille institution, il n'y a pas de testament ; mais enfin l'institution suffit pour donner à un acte le caractère de testament ; ce qui fait dire à Ulpien que l'on peut faire un testament en trois mots : *Lutius hæres esto.* (Dig., loi 1. § 3, *De hered. instit.*)

Quelles sont les qualités nécessaires pour être héritier? Les conditions, les modalités de l'institution ? Comment se distribuera l'hérédité? Ce sont là autant de questions

qui se rattachent au fond du testament et qui par conséquent sortent de notre cadre.

Mais nous avons à voir en quels termes la phrase concernant l'institution doit se faire pour être valable.

I. — Il faut que l'institution soit solennelle, c'est-à-dire
qu'elle soit impérative et rédigée sous la forme d'une loi.
*Ante omnia requirendum est an institutio heredis solemni
more facta sit* (Gaïus, Com. II, § 116). On employait surtout
cette formule : *Titius heres esto,* ou *sit.* On tolérait celle-ci :
Titium heredem esse jubeo. Mais on répudiait les suivantes :
Heredem instituo, heredem facio (Gaïus, ibid. — Ulpien,
Reg., tit. 21). L'institution non conçue en termes impératifs
est radicalement nulle et le testament est *pro non scripto.*
Cette nécessité des termes impératifs devait son origine à
l'ancienne forme du testament *calatis comitiis.*

Les jurisconsultes se montrèrent aussi larges que possible au milieu de ces étroites barrières. Ainsi, le testateur a-
t-il oublié un mot de la formule, on regarde l'institution
comme valable. *Si autem sic scribat « Lucius heres » licet non
adjecerit « esto » credimus plus nuncupatum, minus scriptum
et si ita « Lucius esto » tantumdem dicimus.* (Dig., loi 1,
§ 5, *De hered, instit.*)

Mais *quid* si l'on avait mis simplement « *Lucus...?* » Mar-
cellus ne pensait pas que cela pût suffire (Dig., ibid.),
mais son avis ne prévalut pas, et Dioclétien et Maximin
sanctionnèrent expressément l'opinion contraire. (Code,
loi 7, *De testam.*). Antonin-le-Pieux l'avait du reste déjà
fait, au moins pour le cas où il y aurait plusieurs institutions. (Dig., loi 1. *De hered. instit.*)

Ulpien, contrairement au sentiment de Julien, pense que
cette formule : *Illum heredem esse...* est valable, *jubeo* ayant
été omis par erreur (*ibid*).

Cette rigueur dans la formule subsista longtemps. Ce ne fut que sous l'empereur Constance, fils de Constantin-le-Grand (an 339), que le droit romain se dégagea de ce formalisme à outrance. La loi 15 au Code (*De testam.*, 6, 23) supprima les formules des institutions d'héritiers aussi bien que des legs, et cette suppression fut confirmée par Justinien. (Loi 26, Code, *De test..*, 6, 23.)

II. — Outre la solennité des paroles, il faut que l'institution soit mise en tête de l'acte, précédant toutes les autres dispositions qui en tiraient leur force légale et obligatoire. *Qui testatur ab heredis institutione plerumque debet initium facere testamenti* (Dig., loi 1, *De hered. instit.*). *Ante heredis institutionem legari non potest, quoniam et potestas testamenti ab heredis institutione incipit.* (Ulp., *Reg.*, tit. 24, § 15.)

C'est encore là un souvenir des temps primitifs, c'est le droit matérialisé ; il faut avoir un héritier avant de pouvoir lui donner des ordres.

L'institution suffit à elle seule pour constituer un testament ; de sorte que si vous n'avez pas d'enfants à exhéréder, ni aucun legs à faire, vous pouvez tester, comme le dit Ulpien en trois mots : « *Qui neque legaturus, neque quemquam exheredaturus, quinque verbis potest testamentum facere, ut dicat : Lucius Titius mihi heres esto... Poterit etiam tribus verbis testari, ut dicat : Lucius heres esto ; nam et* « *mihi* » *et* « *Titius* » *abundat.* » (Dig., loi 1, § 3, *De hered. instit.*)

Paul (*Sent.*, *De Legatis*, 2, 20) nous dit que cette règle fut abolie par une constitution de Justinien, qui est probablement la loi 24 (Code, *De testam.*, 6, 23) et dont il est fait mention aux Instiiutes (L. II, § 35, *De Legatis*). Désormais l'institution d'héritier peut être placée à un endroit quelconque du testament.

III. — Enfin, à l'origine, l'institution d'héritier devait être écrite en langue latine. La novelle XVI de Théodose permet d'écrire l'institution en langue grecque.

Remarquons que dans les testaments oraux, il fut toujours indispensable que tous les témoins connussent la langue dont le testateur se sert.

SECTION II. — *De l'exhérédation des enfants.*

En consacrant, comme le fait la loi des Douze Tables, les dispositions du testateur, le droit romain consacrait implicitement l'exclusion de tous les héritiers légitimes qu'il n'avait pas institués. Cette latitude donnée au *paterfamilias* put être sans danger tant que les testaments eurent besoin d'être approuvés par les Comices; là, il fallait ou instituer ses héritiers ou les omettre en présence de tous : or tel qui eût commis l'injustice sans scrupule dans l'ombre, n'osait l'avouer publiquement. Cette nécessité de la comparution devant les Comices était donc un frein ; mais bientôt le droit affranchit le testament de cette forme rigoureuse; le principe des Douze Tables qui consacrait la liberté du testament devint ainsi la consécration d'un arbitraire odieux. Cette libre disposition que pouvait faire le père de famille de tous ses biens, même de ceux qui lui ont été acquis *per filios* n'était pas sans contredire l'ancienne théorie qui regardait les fils de famille comme les propriétaires du patrimoine paternel ; aussi la coutume réagit contre l'iniquité du droit : et avant d'en arriver à la théorie de la *Quærela inofficiosi testamenti* qui ne permet-

tra plus l'exhérédation sans cause sérieuse, on exigea que
le père qui ne veut pas instituer ses héritiers prît au moins
la peine de le déclarer expressément, et c'est cette déclaration expresse qu'on appelle exhérédation, par opposition
à la simple omission. « Au surplus, dit M. Accarias, il importe de bien remarquer que le père de famille restant
libre de dépouiller ses enfants, la règle qui lui prescrit alors
de les exhéréder au lieu de les omettre, n'a que la valeur
d'une règle de forme. » C'est à ce point de vue qu'il nous
faut examiner l'exhérédation.

I. — La théorie de l'exhérédation s'applique exclusivement aux enfants investis de la qualité de *sui heredes*,
qu'ils proviennent *ex justis nuptiis*, *ex adoptionibus*, ou
ex legitimatione.

D'après le droit civil, la forme de l'exhérédation diffère
selon qu'il s'agit d'un fils ou d'un petit-fils et d'une descen-
dante par les femmes.

Le testateur qui a sous sa puissance un enfant mâle au
premier degré, un *filius*, est tenu de l'instituer ou de l'exhéréder *nominatim*, sinon il ne fait rien de valable : *Ex suis
heredibus filius quidem ne que heres institutus neque nominatim exheredatus non patitur valere testamentum.* (Ulp.,
Reg., tit. 22, § 16.)

La formule de l'exhérédation nominative est celle-ci :
Titius filius meus exheres esto, ou si le disposant n'a qu'un
fils : *filius meus exheres esto.* (Gaïus, II, § 123. — Inst.,
liv. II, tit. 13, Pr.).

Ainsi quand un fils est passé sous silence, le testament
est *injustum;* il est nul pour vice de forme, nul dès l'origine
et pour toujours. Un legs, un fidéicommis adressé au
filius ne sauverait pas l'acte de sa nullité radicale.

Le testament reste nul même si le fils qui a été omis

décède avant son père. Gaïus (II, § 123) nous révèle que cette doctrine, qui était celle des Sabiniens, n'a pas triomphé sans peine ; cette doctrine était conforme d'ailleurs à une idée fondamentale du droit civil, qui constitue la règle Catonienne et qui peut se formuler ainsi : le testament, quoique fait pour l'époque de la mort, en vaut jamais qu'autant qu'il pourrait valoir si le testateur mourait au moment même où il vient de le terminer.

Les Proculéiens subordonnaient la nullité à la survie du fils et sans doute au maintien de sa capacité ; mais leur système, bien qu'il semblât répondre à la préférence des Romains pour la succession testamentaire, ne fut pas admis. Du temps de Paul, la pratique avait définitivement donné raison aux Sabiniens. *Si filius qui in potestate est præteritus sit et vivo patre decedat, testamentum non valet nec superius rumpitur : et eo jure utimur.* (Dig., loi 7, *De lib. et post.*)

L'exhérédation du petit-fils, des filles, de la femme *in manu* du testateur et de sa bru, qui est *in manu*, s'établit par la formule *inter cæteros*, ainsi conçue : *Titius filius meus et cæteri exheredes sunto.* Quant aux conséquences de l'omission, elles ne rentrent pas dans notre sujet, car la prétérition des personnes dont l'exhérédation a lieu *inter cæteros* n'engendre pas de nullité (Gaïus, II, § 126), et ne fait qu'enlever aux institués, soit une part virile, s'ils sont *heredes sui*, soit la moitié de l'hérédité, si ce sont des *extranei.* (Ulp., *Reg.* 33, § 17.)

II. — Le droit prétorien, toujours soucieux d'augmenter les droits des héritiers et de restreindre la liberté du père de famille, exigea que tous les descendants mâles, quel que soit leur degré, soient exhérédés *nominatim*, les femmes seules continuant à pouvoir être exhérédées *inter cæteros.* (Gaïus, II, § 129.)

De même le droit prétorien élargit le cadre des héritiers qui doivent être exhérédés, et exige que le testateur exhérède, outre les *heredes sui*, tous ceux dont la filiation résulte des *justæ nuptiæ per masculos*.

III. — Enfin Justinien achève la réforme commencée par le droit prétorien, en ce qui concerne les descendants à instituer ou à exhéréder et spécialement au point de vue de la forme de l'exhérédation : il déclare que quels que soient le sexe et le degré de l'enfant, l'exhérédation doit être toujours faite *nominatim*. (Inst., liv. II, tit. 13, § 5.)

Enfin l'omission ou l'exhérédation irrégulière entraîne dans tous les cas nullité immédiate et définitive du testament.

Observation. — Mais pour être complet, il faut combiner cette règle avec un texte précédent, et selon M. Accarias, il convient de dire que dans le dernier état du droit civil et en vertu de la constitution même de Théodose qui créa le testament tripartite (Loi 21, § 3, *De Testam.*, Code 6, 33), l'omission des formes n'empêche pas le testament de valoir *inter liberos*.

Cela suppose que tous les descendants qui seraient appelés *ab intestat* ont été institués, soit seuls, soit avec des étrangers. Dans ce dernier cas, on écarte les étrangers, et dans l'un et l'autre cas, le maintien du testament a pour effet d'abord de substituer au règlement légal des parts le règlement fait par le défunt, puis d'obliger les enfants à acquitter les legs et autres charges dont la nullité du testament les eût affranchis (1).

Nous arrivons ainsi au terme de l'étude que nous nous

---

(1) Accarias, Précis de Droit romain, t. I, p. 843, note.

étions proposée. Nous avons assisté au développement progressif du droit romain en ce qui concerne les différentes formes de tester. Nous avons vu d'abord le testament formant une véritable loi, et restreint dans des formules rigoureuses. Puis d'acte public, le testament devient acte privé, mais les formes sont toujours aussi strictes. Enfin, sous l'effort des juriconsultes et du préteur, le vieux droit civil est obligé de fléchir.

Les formes se simplifient. La transformation s'achèvera avec l'avènement des doctrines du Christianisme. A cette époque le droit romain s'élargit, les subtilités des formules disparaissent, le droit se spiritualise. Cette transformation continuera à travers les âges pour aboutir enfin à la forme la plus simple du testament, la forme olographe, qui est aujourd'hui le droit commun et qui est consacrée dans les articles 969 et 970 du code Napoléon.

DROIT FRANÇAIS

ETUDE SUR LA CONDITION DU MINEUR DEVANT LA LOI PÉNALE.

INTRODUCTION.

« L'homme est un être intelligent et libre intelligent, il comprend et apprécie ce qui est bien, ce qui est mal ; libre, il a le pouvoir de préférer le bien au mal, et s'il préfère le mal au bien, il a conscience d'exercer son choix à ses périls et risques. C'est parce que l'homme est intelligent et libre que l'application de la sanction pénale est légitime (1). »

La responsabilité d'un acte ne peut donc peser que sur celui qui a compris cet acte : il faut la responsabilité chez l'individu, pour qu'il y ait lieu à imputabilité ; et ce qu'il faut pour qu'il puisse y avoir imputabilité, c'est la connaissance du bien ou du mal moral, du juste ou de l'injuste de l'action. Imputer un fait à quelqu'un, c'est donc affirmer qu'il en est en premier lieu la cause efficiente, et en second

---

(1) Bertauld, Code pénal, p. 349.

Querenel.   1

lieu la cause éclairée, sur la justice ou l'injustice de ce fait. La première condition de l'imputablilité, c'est la liberté ; et la seconde, c'est la raison morale ou la connaissance du juste ou de l'injuste de l'action.

Toutefois, si l'homme naît avec des facultés qui le prédestinent à la société et à l'appréciation de la loi morale, principale règle des rapports sociaux, ces facultés ne se développent qu'avec le temps ; et la vie matérielle, pour ainsi dire animale, se prolonge un certain nombre d'années avant de céder sa place à la vie morale, dont l'avènement ne s'opère que lentement et progressivement.

La raison participe donc de la longue faiblesse du corps : l'enfance, dans les premières années, quand la raison bégaye encore, ne peut donc pas être responsable de ses actes, car elle n'en a pas l'intelligence, elle n'en comprend pas la moralité. *Infantem innocentia consilii tuetur.*

La loi, en conséquence, a dû prendre l'âge en considération au point de vue de la répression pénale. Il serait d'une injustice flagrante de punir le crime commis par un enfant de dix ans des mêmes peines que le crime qui serait commis par un homme de trente ans. C'est cette influence de l'âge en matière pénale que nous voulons étudier ici, en nous plaçant successivement au point de vue de l'imputabilité, de la compétence, de l'application de la peine, et enfin au point de vue de l'exécution de la peine.

CHAPITRE PREMIER

De l'imputabilité au point de vue du mineur.

1. — La règle scientifique est simple ; là où l'enfant a agi, manquant encore soit de la liberté, soit de la raison morale, soit de la raison morale seulement, il n'y pas imputabilité. Là où il a agi dans l'exercice de ces deux facultés, sans que néanmoins sa raison fût parvenue encore à un développement normal et à une entière maturité, il y a culpabilité moindre. Mais comment faire l'application de cette règle en droit positif?

Cette transition entre la vie purement animale et la vie morale n'est pas une transition brusque : la loi a bien compris cette difficulté ; aussi n'a-t-elle pas formulé une règle fixe et absolue.

2. — Quelle a été l'influence de l'âge à Rome et dans notre ancienne jurisprudence? [Nous allons le rechercher rapidement.

3. — Le droit civil romain, dans son matérialisme primitif, s'attachait pour le développement de l'homme à deux phénomènes physiques : la parole et la puissance génératrice. *Infans*, c'était l'enfant qui ne parlait pas encore, suivant l'acception qu'indique la décomposition philologique du terme. *Impubes*, c'était celui qui ne pouvait engendrer. Ces deux expressions devaient donc être prises à la lettre dans leur sens rigoureux et matériel.

C'est bien d'ailleurs le sens qui est donné au mot *infans*
dans les écrits des jurisconsultes, dans les constitutions impériales antérieures à Théodose et dans les textes insérés
au Digeste de Justinien : « *Qui fari non potest... priusquam
fari possit... qui fari potest...* etc. (1). » C'est encore la signi-
fication que nous donne l'un des rédacteurs des Institutes,
Théophile, dans sa paraphrase grecque ; il définit l'*infans*,
celui qui ne peut pas encore parler ; par exemple, celui
qui est encore à la mamelle, ou peu au-dessus de cet âge :
« *Qui adhuc lactant, aut his paulo majores* (2). »

Puis bientôt les jurisconsultes romains se mirent à distinguer si l'individu était plus près de l'âge où l'on ne parle
pas, *infanti proximus*, ou plus près de la puberté, *pubertati
proximus.*

Mais aucune de ces époques n'était déterminée par des
chiffres : elles restaient variables selon chaque individu.

Avec le temps, la jurisprudence romaine entra dans une
autre voie. Une opinion des philosophes et des médecins
de l'antiquité se fit jour, qui prétendait que de sept ans
en sept ans, tous les éléments matériels qui composent le
corps de l'homme se trouvent renouvelés et qu'une révolution organique portant à la fois sur le physique et sur
le moral s'est accomplie. Cette thèse a été reprise de nos
jours et développée par Cabanis dans un ouvrage célèbre :
Rapports du physique et du moral de l'homme (3).

Les jurisconsultes romains introduisirent quelque chose
de cette théorie dans le droit. C'est ainsi que les Proculéiens voulurent fixer uniformément la puberté pour tous

(1) Dig., 26, 7. De administr. tut., 1, § 2, Ulpien.
    Code, 8, 54. De donation., 26. Constitution de Constantin.
(2) Théophile, Paraphrase des Instit., 3, 19. De Inutil. Stipul., § 10.
(3) Cabanis, 4e Mémoire.

les hommes à quatorze ans accomplis (1). Et nous savons par les bronzes récemment découverts à Osuna, que dès le temps de César, on était arrivé à fixer la puberté légale à quatorze ans pour le sexe masculin (2). Justinien consacra législativement cette doctrine. (Instit. 1, 22. *Quib. mod. tutela finitur. Princip.*)

Quant aux femmes, par un motif de décence, les jurisconsultes s'étaient accordés pour fixer à douze ans, d'une façon uniforme, l'époque de la nubilité. Enfin le préteur, se séparant de la théorie des périodes septennales, avait introduit, dans son édit, une autre distinction entre les mineurs et les majeurs de vingt-cinq ans.

En résumé, nous trouvons donc les distinctions suivantes faites par le droit romain dans l'âge des personnes :

1° L'enfance ;

2° L'âge plus près de l'enfance que de la puberté et, en sens inverse, plus près de la puberté que de l'enfance (la tendance des juriconsultes est de fixer cet âge à sept ans) ;

3° La puberté ;

4° Enfin la majorité de vingt-cinq ans, période introduite par le droit prétorien, en considération du plein développement moral de l'homme.

Les conséquences juridiques attachées aux divers degrés de l'âge sont bien connues pour le droit civil, mais quelles sont-elles pour le droit pénal ?

Le véritable droit pénal, le droit répressif des Romains nous est très peu connu. Les Romains avaient bien, dans le droit privé, certaines actions qualifiées d'*actions pénales* ou *mixtes*, destinées à la poursuite des obligations nées de délits, et à l'aide desquelles la partie intéressée obtenait,

(1) Gaïus, Com. I, § 196. — Ulpien, Reg., tit. 11, § 28.
(2) Bronzes d'Osuna, table XCVIII.

outre les restitutions ou réparations qui pouvaient lui être dues, une condamnation pécuniare à titre de peine contre le délinquant. Mais ces actions, malgré le titre d'actions pénales qui leur étaient données, n'étaient que des actions privées, exercées devant la juridiction civile, en la forme des procédures civiles. C'est à ces sortes d'actions que les jurisconsultes ont donné tous leurs soins, de sorte que nous sommes restés dans une pénurie de documents très grande en ce qui concerne le véritable droit pénal romain.

Ce que nous offrent les textes par rapport à l'âge du délinquant est très peu de chose. L'*infans* n'est pas passible de la loi Cornelia contre l'homicide : « *Infans... si hominem occiderit, lege Cornelia non tenetur... innocentia consilii.* » (Dig., 48, 8, *ad leg. Corneliam de sicariis*, 12, Modestin.)

L'âge à Rome n'est pas une cause d'impunité, mais quelques textes portent cependant, sans précision ni d'aucune limite, ni des effets à y attribuer, qu'il faut avoir égard à l'âge dans les jugements criminels. C'est ainsi que nous trouvons dans le Code (9, 47, *De pœnis*. 7. Constit. d'Alexandre Sévère) : « *Impunitas delicti propter œtatem non datur, si modo in ea quis sit, in quam crimen, quod intenditur cadere potest*; » et au Digeste, 50, 17. *De Reg. Jur.*, 108, Paul : « *Fere in omnibus pœnalibus judiciis et œtati et imprudentiœ succuritur.* » Enfin, sans vouloir entrer dans les controverses auxquelles elle a donné lieu, il semble résulter d'une phrase d'Ulpien, citant une opinion de Pomponius, que la peine capitale ne pouvait pas être appliquée à un impubère. *Pomponius ait neque impuberem, neque furiosum capitalem fraudem videri admisisse.*

Et maintenant si l'on essaye de généraliser, d'après les conjectures de M. Ortolan, on peut arriver à dire que, dans le droit pénal romain, l'*infans* n'est pas punissable ; au-des-

sus de cette limite, l'impubère est punissable si sa raison est
assez développée pour qu'il ait eu l'intelligence de la criminalité du fait. Mais on ne lui applique pas de peine capitale. Le juge aura donc égard à l'âge et le considérera comme
une cause d'indulgence ou d'atténuation laissée à son appréciation dans chaque cause individuelle.

Et si maintenant nous passons aux actions privées pour
la poursuite des obligations résultant des délits de droit
civil ou prétorien, on trouve un grand nombre de textes
qui portent que ces actions ne peuvent avoir lieu contre
l'*infans*, mais qu'elles se donnent contre l'impubère, s'il
était déjà capable de dol (*si jam doli capax sit*). Ce qui
constitue encore une appréciation laissée au juge (1).

Telles sont les notions qui nous sont parvenues sur
l'influence de l'âge dans le droit pénal à Rome. Il nous
faut examiner maintenant comment notre ancienne jurisprudence criminelle a compris et appliqué ces principes
du droit romain.

4. — Marquons d'un trait le caractère du droit pénal
dans notre jurisprudence criminelle : le droit pénal
romain, peu développé dans les écrits des jurisconsultes
romains, ne nous étant parvenu que d'une manière fort
imparfaite, l'ancienne jurisprudence, pour le reconstruire,
a fait une confusion incessante entre les dispositions du
droit civil et la pénalité proprement dite, de telle sorte,
dit M. Ortolan, qu'elle s'est créé ainsi une espèce de droit
pénal qui n'était pas le véritable droit pénal romain, mais
qui, chez nous, ayant passé pour tel en a produit les effets.

(1) Ulpien, Dig., 9, 2, Ad Leg. Aquiliam, 5, § 2.
Ulpien, Dig., 47, 2, De furtis, 23.
Ulpien, Dig., 47, 8, Vi bonorum raptorum, 2, § 19.

C'est d'une semblable méprise d'interprétation que sont provenues les règles adoptées par l'ancienne jurisprudence criminelle sur l'âge d'imputabilité.

Nous avons indiqué plus haut les quatre divisions qu'on peut tirer des textes du droit romain, au point de vue de l'âge ; mais nous avons vu que dans le droit romain aucun chiffre arithmétique ne marquait au début ces différentes divisions de l'âge humain : il fallait toujours s'en référer, et pour chaque cause, à l'appréciation individuelle du juge.

Sur ce point, une première méprise s'est produite dans l'ancienne jurisprudence et y a fait règle générale. Attacher une influence juridique au seul fait matériel que l'impubère commence à pouvoir parler, parut impossible ; et on traduisit le mot *infans*, c'est-à-dire celui *qui fari non potest*, par cette périphrase : « *Celui qui ne parle pas ou n'a pas une intelligence sérieuse de ce qu'il dit.* » On en vint à présenter les diverses phases de l'âge dans le droit romain ainsi qu'il suit : l'*enfance* durait jusqu'à sept ans, la *puberté* commençait à douze ans pour les femmes et quatorze ans pour les hommes ; d'où la conséquence que l'âge plus proche de l'enfance que de la puberté se plaça arithmétiquement pour les femmes jusqu'à neuf ans et demi et pour les hommes jusqu'à dix ans et demi. Donc, tout ce qu'avaient dit les juriconsultes romains par rapport à l'*infans*, fut appliqué au mineur de sept ans : et tout ce qu'ils avaient dit de l'*infanti proximus* fut appliqué au mineur de neuf ans et demi ou de dix ans et demi, selon le sexe.

Une seconde méprise a été faite par l'ancienne jurisprudence, en ce qu'elle appliqua, comme textes de droit pénal, les textes concernant ces actions qualifiées d'actions pénales ou mixtes et dont nous avons parlé plus haut. L'ancienne jurisprudence confondit donc ces actions avec les *accusations*, appliquant indistinctement à celles-ci et aux peines publiques les divers textes qui ne traitent que des obligations et des actions privées résultant des délits ; et c'est sur cette double confusion de textes qu'elle construisit ce qu'elle crut être la théorie du droit romain, quant à l'influence de l'âge sur la punissabilité des délinquants.

Son interprétation la plus communément reçue, dit M. Ortolan, fut celle-ci :

L'*infans*, c'est-à-dire celui qui n'a pas plus de sept ans, n'est pas punissable.

L'*infanti proximus*, c'est-à-dire celui qui n'a pas plus de neuf ans et demi pour les hommes, ne l'est pas non plus.

Au-dessus de cet âge, les personnes deviennent punissables, les impubères moins que les pubères cependant. La puberté était fixée, comme dans la loi romaine, à douze ans pour les femmes, quatorze ans pour les hommes ; mais les pubères mineurs étaient punissables à un degré moindre que les majeurs, c'est-à-dire que ceux qui avaient atteint vingt-cinq ans révolus. A cette majorité seule devenait applicable toute la rigueur de la peine ordinaire ; car, dit Muyart de Vouglans, « comme la raison a ses degrés, la loi veut aussi que la punition soit réglée suivant les différents degrés de l'âge. » Or le principe des peines arbitraires s'accommodait parfaitement à cette gradation progressive laissée à l'estimation du juge : d'ailleurs la jurisprudence n'avait rien d'impérieux, et le brocard si répandu : « *Malitia supplet œtatem* » permettait au juge de décider autrement dans les cas qui lui paraissaient exceptionnels. C'est ainsi que les anciens auteurs, Muyart de Vouglans, Jousse, rapportent que des impubères furent condamnés au fouet sous la custode, ou à être enfermés à temps ou pour toujours, même à être exposés à une potence, et

pendus sous les aisselles, suivant les circonstances (1).
Telle était en résumé, et sauf des différences locales, l'ancienne jurisprudence au point de vue de l'influence de
l'âge en matière pénale.

5. — L'Assemblée constituante, dans le Code pénal du
25 septembre 1791, spécial aux cas de crimes (Titre V,
art. 1, 2, 3, 4), se sépara de tous ces précédents. Elle introduisit le système qui est encore en vigueur aujourd'hui :
une limite unique, celle de seize ans accomplis, d'où seulement deux périodes : l'une au-dessus, l'autre au-dessous
de cet âge.

Au-dessous de seize ans, le juge décidera si l'accusé a
commis le crime *avec* ou *sans* discernement. En cas de
négative, acquittement, sauf au tribunal criminel à
ordonner, selon les circonstances, que l'acquitté soit
rendu à ses parents, ou conduit dans une maison de correction pour y être élevé et détenu pendant un certain
temps. En cas d'affirmative, condamnation, mais avec un
abaissement de peines, déterminé par la loi.

Au-dessus de seize ans accomplis, application des
peines ordinaires. Ces dispositions généralisées pour les
délits comme pour les crimes ont passé avec de légères
modifications dans le Code pénal de 1810 et forment notre
droit actuel.

6. — Ce système est contenu dans les articles 66 et 67
du Code pénal. L'art. I (Tit. V) du Code du 25 septembre
1791 était ainsi conçu : « Lorsqu'un accusé, déclaré coupable par le jury, aura commis le crime pour lequel il est

---

(1) Muyart de Vouglans, Lois criminelles, p. 27.
    Jousse, t. II.

poursuivi avant l'âge de seize ans accomplis, les jurés décideront dans les formes ordinaires de leurs délibérations,
la question suivante : le coupable a-t-il commis le crime
avec ou sans discernement ? »

Et les art. 66 et 67 du Code pénal de 1810 portent :
Art. 66 : « Lorsque l'accusé aura moins de seize ans, s'il
est décidé qu'il a agi sans discernement, il sera acquitté ;
mais il sera, suivant les circonstances, remis à ses parents
ou conduit dans une maison de correction pour y être
élevé et détenu pendant tel nombre d'années que le jugement déterminera, et qui toutefois ne pourra excéder l'époque où il aura accompli sa vingtième année. » Art. 67 :
« S'il est décidé qu'il a agi avec discernement les peines
seront prononcées ainsi qu'il suit : .... etc.....»

Ce système a sans conteste un mérite, celui de la simplicité, mais il offre pour nous deux inconvénients :
il laisse à l'appréciation discrétionnaire et variable du
magistrat l'âge où des poursuites peuvent avoir lieu
contre l'enfant ; en second lieu, il fait commencer bien
avant la majorité civile l'application de la pénalité ordinaire. Pour justifier nos critiques, il nous faut étudier,
après avoir dit ce qui a été et ce qui est, ce qui devrait
être.

7. — La science rationnelle doit rechercher quelles sont
les diverses périodes à distinguer dans le cours du développement humain jusqu'à l'âge où l'homme réunit en lui
les conditions voulues pour entrer sous l'application des
règles communes et des dispositions pénales ordinaires.

A prendre les choses d'une façon absolue, il est à peu
près certain que le développement de l'enfant varie selon
son organisation physique, les circonstances extérieures
où il se trouve placé, les soins directs donnés à son éducation.

De même, chez certains enfants, le sens moral s'éveillera bien avant l'intelligence, tandis que chez d'autres l'intelligence sera développée, sans que l'enfant ait encore la notion du bien et du mal. On devrait donc, au point de vue de l'imputabilité, en arriver aux conclusions suivantes : à savoir que l'imputation ne peut pas se faire d'après une règle générale, mais seulement dans chaque cas particulier et individuel ; qu'elle ne peut être que le résultat de l'impression produite sur la conscience du juge par l'ensemble des faits et des circonstances dans le cas spécial. Or, ne pouvant suivre la marche graduelle et quotidienne de la nature, qui varie selon les lieux, les climats, les individus, faut-il que le législateur abandonne au juge toute latitude d'appréciation pour chaque inculpé et dans chaque cause ? Cela pourrait être, si le juge était plus qu'un homme, s'il était à l'abri des défaillances, des partis pris ; mais l'*errare humanum est* du poète s'applique au juge comme au justiciable, et cette simplicité apparente n'engendrerait que complication et inégalité : ce serait à la place d'une règle, toutes les variations arbitraires des décisions individuelles.

Il faut donc que le législateur en restant dans les données scientifiques et en prenant une moyenne suivant le peuple pour lequel il statue, détermine certaines limites d'âge entre lesquelles devront se mouvoir les dispositions de la loi pénale.

Or, cela posé, n'est-il pas évident qu'il existe une période de l'enfance pendant laquelle il y a plus qu'une présomption, mais une certitude en faveur de l'innocence de l'enfant, et cela sans vouloir encore fixer le moment jusqu'auquel peut durer cet âge ; or, pendant cette période aucune imputabilité pénale ne saurait être dirigée contre l'enfant. « Il est, dit M. Rossi, entre le jour de la nais-

sance d'un homme et l'âge de seize ans, un point où la
présomption s'affaiblit assez pour que l'acte individuel
mérite d'être examiné. Mais avant d'atteindre ce point
la présomption d'innocence est tellement forte qu'elle doit
dominer sans partage et ne point admettre d'examen. »
Nous avons déjà dit que le droit romain plaçait jusqu'à
l'âge de sept ans, les enfants à l'abri de toute poursuite.
Plusieurs législations étrangères dont nous parlerons tout
à l'heure ont adopté ce principe de l'irresponsabilité
absolue de l'enfant pendant une première période.

Au sortir de cette période, il s'en produit une autre, où
le sentiment du bien et du mal commence à s'éveiller chez
l'enfant : lorsqu'il commet tel ou tel acte, il obéit à un
mobile, inconnu pour nous peut-être, mais qui existe dans
son for intérieur ; il n'agit plus par instinct, comme dans
la première période ; la vie morale commence pour lui.
Mais quel que soit le fait commis, qui donc oserait prononcer
d'une façon générale et absolue que cet enfant a eu la
raison morale ? Il y aura donc une question à résoudre
pour chaque individu, dans chaque fait. Il y aura pendant
toute cette seconde période, présomption d'innocence en
faveur de l'enfant ; mais comme nous pouvons nous trouver
en présence de natures précoces pour le mal et pour le
bien, il faut qu'une répression, ou plutôt qu'une correction
puisse intervenir ; de là, une latitude donnée au juge,
au moyen de la question de discernement. Dans cette intervalle
de doute, dominé cependant par cette présomption
d'innocence en faveur de l'*infanti proximus*, le juge prononcera.
S'il est reconnu qu'il n'y avait pas chez l'agent
discernement suffisant, il n'y aura pas imputabilité pénale ;
dans le cas contraire, l'imputabilité aura lieu, mais la culpabilité
sera moindre.

Enfin, l'enfant entrera dans une dernière période ; avec

les années, le physique et le moral se seront développés. Le doute peut exister encore, mais il tend à cesser et si, dans la période précédente, il constituait une présomption d'innocence, maintenant, au contraire, il va constituer une présomption de culpabilité. La question de discernement sera toujours posée ; dans la période précédente elle servait à infliger quelques punitions exceptionnelles ; dans cette troisième période, elle servira, par suite du renversement de la présomption, à exempter certains individus de toute responsabilité pénale. Mais dans cette période, à raison même de l'âge, la pénalité sera moins forte, car ici encore le développement moral est inachevé ; ce n'est que du jour où ce développement sera hors de conteste, que la pénalité ordinaire deviendra applicable.

Et si maintenant il nous faut sortir du vague et arriver à formuler des périodes, nous voudrions voir le législateur adopter les périodes septennales. Deux remarques peuvent être faites à l'appui de cette théorie.

La première, c'est que c'est généralement à sept ans que l'on fixe ce que l'on appelle l'âge de raison ; tel est l'âge auquel, pour les canonistes, commence l'obligation ; cette période a été admise par de nombreux psychologues et moralistes. La seconde, c'est que c'est à vingt et un ans que la loi fixe elle-même l'âge de la pleine capacité civile. Or, sans vouloir établir d'analogie entre la majorité pour l'infraction et la majorité pour les contrats, nous ne voyons pas pourquoi l'on ne fixerait pas la pleine capacité, dans les deux cas, à la même époque.

M. Bertaud approuve au contraire cette différence établie par notre loi, et dit : « Les prescriptions que la loi protège par des sanctions ne sont, en général, que la reproduction de la partie la plus essentielle de la morale : ces prescriptions sont écrites dans la conscience de tous :

elles sont connues indépendamment des textes qui leur assurent une puissance coercitive.

La loi civile, elle, n'a pas le même cachet de simplicité : c'est une loi à combinaisons savantes, cherchant à embrasser dans ses prévisions variées les relations les plus diverses.... Elle est le résultat de l'expérience des siècles, le produit accumulé des études patientes et incessamment renouvelées. Sans doute la capacité de contracter n'est pas subordonnée à la connaissance des dispositions de la loi civile ; mais cette capacité suppose au moins quelque apprentissage de la vie pratique, l'intelligence des rapports auxquels la loi civile est chargée de pourvoir, et cette intelligence est plus lente à se développer que le sens moral. »

Nous sommes loin de contester ces différences entre la loi pénale et la loi civile ; mais ce que nous contestons, c'est la différence qu'on veut établir au point de vue du plein développement moral, qui produira la plénitude de responsabilité, et le développement de l'individu au point de vue civil. Nous ne demandons pas qu'on établisse, en matière pénale, la même règle qu'en matière civile : c'est à dire l'irresponsabilité jusqu'à vingt et un ans ; ce qui serait absurde, par la raison bien simple qu'en matière civile le mineur a le tuteur comme représentant légal, tandis qu'en matière civile il n'y a ni représentant ni garant. Ce que nous demandons seulement c'est qu'on proportionne la responsabilité, d'après les périodes de vie, et au moyen des présomptions que nous avons énoncées plus haut, et qu'on ne déclare la plénitude de responsabilité pénale qu'au jour où l'individu arrive enfin à la plénitude de capacité civile.

Et quand au choix des périodes, si on prend comme point de départ l'âge de sept ans, qui est adopté par la législation anglaise, et qui correspond, d'après les données scientifiques, à la durée moyenne d'une évolution humaine, nous arriverons, avec M. Ortolan, aux conclusions suivantes :

1° De la naissance à l'âge de sept ans, irresponsabilité absolue au profit de l'enfant. Quel que soit le fait commis, l'enfant ne peut être poursuivi. Il ne peut qu'être soumis à une éducation sévère, si ce sont les parents qui l'élèvent, ou être soumis à une éducation correctionnelle spéciale, si c'est un orphelin pauvre, un enfant abandonné, ou un enfant trouvé, s'il est en un mot à la charge de l'État ou de la charité privée.

2° De sept à quatorze ans, la notion du bien et du mal s'éveille, ou du moins peut s'éveiller dans l'âme de l'enfant. Cette notion sera plus vague ou plus précise chez chaque individu, aussi peut-il y avoir lieu à imputabilité pénale ; mais par suite de l'âge, une présomption d'innocence couvre cet *infanti proximus*. La responsabilité ne pourra être déclarée qu'après que le juge aura résolu la question de discernement. Le moindre doute s'interprète en faveur de l'enfant. Dans les cas rares où il serait reconnu coupable, c'est-à-dire ayant agi avec discernement, la faveur de l'âge fera subir à la peine une réduction de plusieurs degrés.

3° De quatorze à vingt et un ans. Ici encore nous sommes d'accord avec la médecine légale pour donner l'âge de quatorze ans comme celui où, dans la plupart des cas, la responsabilité de l'agent pourra être présumée. Donc de quatorze à vingt et un ans, présomption de culpabilité contre l'enfant-adulte : néanmoins la formation morale peut être si tardive qu'elle motive une absolution. Le juge aura donc encore, dans chaque cas, à résoudre la question de discernement : mais, la culpabilité fût-elle prononcée, nous voudrions que dans cette période on tint encore compte de l'âge, des entrainement très spéciaux à cette période de quatorze à vingt et un ans, la plus difficile à traverser pour l'adulte, celle où les passions commencent à s'agiter, où la nature, souvent brutale, presque bestiale de l'homme, peut prendre subitement le dessus et pousser l'individu à des faits irréfléchis, presqu'inconscients, et que la peine fut diminuée d'au moins un degré.

4° A 21 ans : enfin à cet âge il n'y a plus de présomption d'aucune sorte, ni *pour* ni *contre* l'enfant ; il y a une certitude : l'homme est arrivé à son complet développement : nous parlons au point de vue normal, et, en laissant de côté, les faits accidentels comme la démence ou l'ivresse, qui peuvent modifier son état général. L'imputabilité est alors pleine et entière, et toute infraction à la loi pénale entrainera l'application des peines ordinaires.

Telles sont les conclusions qu'on nous semble pouvoir formuler, en tenant compte des données psychologiques et des résultats acquis par la science moderne. Sans vouloir nous appesantir trop longtemps sur des considérations philosophiques, nous accordons grand crédit à la théorie d'Euler sur l'influx physique ; et nous croyons qu'il ne se produit dans la vie organique de l'homme, aucun changement qui ne se fasse sentir dans sa vie morale, pas plus qu'il ne se produit aucun trouble moral qui n'ait son contre coup sur le physique de l'homme.

Cette théorie correspond en même temps aux observations expérimentales et physiologiques, dues surtout aux travaux de Claude Bernard, et qui aboutissent à démontrer la corrélation intime existant entre la pensée et les organes cérébraux. Darwin, de son côté, est venu, nous apportant cette fameuse théorie de l'évolution, reprenant en partie les idées des médecins de l'antiquité, que s'était appropriées, Cabanis, et nous faisant assister, pour ainsi dire

Querenet.   2

à ce renouvellement intégral de l'organisme humain, cellule par cellule. Or, ce renouvellement cellulaire, que la science expérimentale ne peut observer que sur la matière le philosophe, lui, l'observe sur l'organisme moral de l'enfant. Ce qui se passe dans l'ordre physique, doit, par cette corrélation intime qui existe entre la vie de l'âme et la vie du corps, se passer dans l'ordre moral. Ce sont ces réflexions diverses, dont nous ne donnons ici que la substance qui nous semblent motiver les conclusions auxquelles nous nous sommes arrêtés, au point de vue de l'influence de l'âge sur l'imputabilité en matière pénale.

Il est curieux de rechercher comment, dans les codes de pénalité modernes, ont été réglées les diverses questions sur l'âge.

Angleterre. — D'après les lois anglaises, l'enfant au-dessous de sept ans ne peut jamais être poursuivi. De sept à quatorze ans, il n'est pas de plein droit responsable des délits qu'il peut commettre, mais il peut l'être exceptionnellement, s'il est reconnu avoir eu conscience du mal qu'il a fait, par application de la maxime : « *malitia supplet œtatem eui.* » Toutefois les peines qu'il a encourues, sont mitigées à raison de cet âge. Ces prescricptions correspondent bien aux deux premières périodes que nous avons indiquées ; les chiffres mêmes concordent. 1° Jusqu'à 7 ans, non imputabilité. 2° De 7 à 14 ans, imputabilité possible, mais exceptionnelle, et présomption générale d'innocence en faveur de l'enfant. Au dessus de 14 ans, la loi anglaise assimile au majeur cet adulte, qui devient alors passible des même peines que les hommes mûrs, excepté pour certaines contraventions qui consistent dans des omissions de faire ; et cela, parce que, n'ayant pas, jusqu'à la majorité, la dispo-

sition de ses biens, il ne pourrait payer l'amende (Blacks-
tone. Com. sur la Cour crim d'Angleterre. T. I. P 29.)

Allemagne. — Le code pénal de l'Allemagne du Nord
admet (art. 55) l'absence d'imputabilité jusqu'à 12 ans.
L'art. 56 porte : L'accusé de 12 ans, mais de moins de 18
ans accomplis au moment où il a commis une action punissable, doit être acquitté, si, au moment où il l'a commise, il n'avait pas l'intelligence nécessaire pour comprendre le caractère criminel de cette action. Il y a donc
une question de discernement posée. A 18 ans, (art. 57) application des peines ordinaires.

Autriche. — En Autriche, les enfants qui n'ont pas 10 ans
accomplis ne peuvent être frappés d'aucune pénalité. Depuis
cet âge jusqu'à 14 ans, ils ne peuvent être frappés à raison
des délits qu'ils commettent que de peines de police. Au-
dessus de 14 ans, ils sont assimilés aux hommes d'un âge
mûr. Il y a là des traits de ressemblance très grands avec
la législation anglaise. (Code pénal autrichien de 1803,
1re partie, art. 2 et 39, et 2e partie, art. 4.)

Grèce. — La Grèce (Code pénal de 1833) a identiquement
la même législation que l'Autriche.

1re Période jusqu'à 10 ans, non imputabilité.

2e Période : de 10 à 14 ans, question de discernement et
punissabilité moindre.

3e Période : au-dessus de 14 ans, application des peines
ordinaires.

Bavière. — Le Code bavarois de 1862, dans ses art. 8, 9,
99 et 120, édicte les règles suivantes : L'enfant est irresponsable jusqu'à l'âge de 8 ans ; de 8 à 12 ans, il n'est puni

même pour crime volontaire que d'un châtiment corporel ou d'un emprisonnement de deux jours à six mois; de 12 à 16 ans, le crime qu'il commet, lorsqu'il est susceptible d'imputabilité, ne donne lieu qu'à une peine qui est commuée et mitigée; après 16 ans révolus, l'âge cesse d'être une cause d'atténuation de la peine. Ici les périodes existent bien; mais les effets en sont annihilés par les chiffres qui délimitent les périodes et qui sont mal choisis. Le Code bavarois n'admet point la peine de mort avant l'âge de la majorité civile.

Prusse. — Le Code de Prusse (art. 42 et 43) admet les mêmes dispositions.

Espagne. — Dans le Code pénal d'Espagne, l'enfant est irresponsable jusqu'à 9 ans, et la peine est atténuée jusqu'à 18 ans.

Italie. — Enfin le nouveau Code italien admet cinq périodes : 1° au-dessous de 9 ans, point d'imputabilité (art. 66 § 1); 2° de 9 à 14 ans, question de discernement; en cas d'affirmative, peine diminuée de trois à quatre degrés; 3° de 14 à 18 ans, peine diminuée de deux à trois degrés; 4° de 18 à 21 ans, peine diminuée d'un degré; 5° à 20 ans accomplis, peine ordinaire. Ces dispositions exagèrent un peu nos conclusions; nous voudrions, d'autre part, voir concorder l'âge de punissabilité entière avec l'âge de la majorité civile.

Brésil. — Au-dessous de 14 ans, les mineurs ne sont pas coupables des crimes qu'ils ont commis, seulement ils sont tenus de réparer sur leurs biens, le préjudice qu'ils ont causé; et s'il est prouvé qu'ils ont agi avec discernement, ils peuvent être enfermés dans des maisons de correction. A 14 ans, la présomption favorable cesse pour le mineur, mais s'il est reconnu coupable, le juge peut lui infliger une peine inférieure d'un tiers à la peine réservée au crime. Enfin jusqu'à 21 ans son âge seul constitue une circonstance atténuante, qui doit entraîner une diminution du châtiment.

12. — Si de ces législations diverses, nous cherchons à dégager quelques idées générales, nous pouvons remarquer, que toutes ces législations, à l'exception de la loi française et du Code belge de 1867 qui consacre encore notre système, ont admis une période de non-imputabilité. L'âge où finit cette période varie, il est vrai, selon le gré de chaque législateur, sans que rien puisse nous indiquer la raison qui a fait choisir un chiffre plutôt qu'un autre. Quant à l'influence que l'on pourrait attendre de la diversité des climats et du développement plus ou moins précoce de l'homme chez les races méridionales comparées aux races du nord, non seulement elle est nulle, mais les législations positives se trouvent souvent en contradiction avec elle : on peut affirmer que cette idée n'a eu aucune part dans le choix des limites auxquelles chaque législateur s'est arrêté. C'est ainsi que l'imputabilité commence à sept ans en Angleterre tandis qu'elle ne commence qu'à neuf ans en Italie et en Espagne, à dix ans en Grèce, à quatorze enfin au Brésil.

La conséquense presque forcée de cette admission d'une période de non-imputabilité est l'organisation de plusieurs périodes, et c'est ce qui se produit dans toutes les législation étrangères, à l'encontre des Codes français et belge qui ne distinguent qu'une seule période. Il est juste de reconnaître que ces deux Codes ont pris pour base de leur système la période incontestablement la plus utile, la plus nécessaire à établir dans la législation pénale : c'est-à-dire

celle du doute, celle où le juge par une question de discer-
nemt, exigée à peine de nullité, doit décider l'imputabilité.
Mais nous l'avons déjà dit, cette simplicité tant à souhaiter dans les autres matières, nous semble ici une imperfection.

Remarquons encore qu'un assez grand nombre de législations ont adopté comme point de départ de la troisième
période, l'âge de quatorze ans ; c'est ainsi que les législations anglaise, autrichienne, italienne et du Brésil ont
adopté cette limite. Cet âge s'accorde bien avec les données physiologiques qui admettent qu'à cet âge, le développement physique, intellectuel et moral est assez avancé
pour faire présumer la culpabilité, sous la réserve de la
question de discernement, exigée à peine de nullité.

13. — Or, les choses sont loin de se passer ainsi en
France. Voyons, d'ensemble, le système en vigueur chez
nous, avant d'entrer dans le détail.

Le Code pénal s'occupe des mineurs au livre II, *Des
personnes excusables* (art. 66 et suivants). La minorité est
une cause d'excuse; avant toute chose, la question de culpabilité doit être résolue; puis vient la question de discernement, qui agira sur la décision à rendre. Mais consta-
tons, dès le début de ce travail, que la minorité ne supprime pas la matéralité du fait on ne supprime pas un fait ;
que le crime ou le délit ait été commis par un mineur ou
par un majeur, il n'en a pas moins été commis; qu'il soit
puni de telle ou telle sorte, dans les cas où l'infraction a
été commise par un mineur, cela se conçoit ; que toute
peine même vienne à disparaître, l'influence de l'âge se
combinant avec le défaut de discernement, nous le comprenons; mais cela ne fait pas disparaître l'acte matériel :
il y a donc dans la terminologie stricte, *absolution* et non

acquitetment; du moment où il y a une déclaration de culpabilité, il ne peut y avoir acquittement au sens juridique
du mot. En pratique, et, d'après même les termes employés
par l'art. 66 du Code pénal, c'est bien un acquittement qui
intervient en faveur du mineur qui agi sans discernement ;
c'est bien le jury qui l'acquitte et non un arrêt de la Cour
qui l'absout ; et c'est sur une ordonnance du Président
qu'il est mis en liberté.

La majorité pleine au point de vue pénal a été fixée par
notre loi à l'âge de seize ans accomplis. Le Code établit en
deçà une présomption d'innocence et au delà une présomption de culpabilité : mais ce ne sont là que des présomptions,
que le juge modifie au moyen de la question de discernement, qui peut être toujours posée.

Nous avons montré précédemment, qu'à moins de s'attacher pour l'établissement d'un système complet à l'égard des
mineurs, aux périodes septennales, quel que soit le moment
choisi pour déclarer l'individu responsable pénalement, il
il y avait toujours de l'arbitraire.

Seize ans est un chiffre arbitraire : la présomption qu'il
consacre, s'appuie sur l'expérience, sur des observations ;
mais il est bien sûr qu'au-dessous de seize ans, il y a des
mineurs qui ont agi en parfaite connaissance de cause,
tandis qu'au-dessous, il peut se présenter des cas exceptionnels où l'intelligence voilée n'aura pas eu le discernement.

Et cependant la limite entre ces deux présomptions, quoique ni l'une ni l'autre n'emportent preuve d'innocence ou
de culpabilité, est d'une haute importance, parce que la
première laisse à l'accusation à prouver que le prévenu,
quand il est d'un certain âge, non seulement a commis le
crime, mais l'a commis avec discernement ; parce qu'elle appelle l'attention des juges sur la question de culpabilité dans

ses rapports avec l'âge de l'agent au moment du délit, enfin parce qu'elle environne les mineurs d'une prévention favorable.

Aussi des esprits éminents se sont-ils demandé, si, sans procéder à une refonte totale de notre système sur la majorité pénale, il ne conviendrait pas de reculer au moins jusqu'à dix-huit ans l'âge de cette majorité. Tel est l'avis de M. Rossi, bien que, selon lui, le système actuel ne présente pas d'inconvénients graves. Mais il serait partisan néanmoins de porter la limite d'âge à dix-huit ans, parce qu'il importe peu que quelques jeunes gens ne subissent qu'une punition inférieure à la peine ordinaire, tandis qu'au contraire il serait déplorable de faire peser sur toute la vie d'un homme un jugement qui aurait frappé de la peine réservée au crime, les premiers égarements de sa jeunesse.

Dans le cours des discussions relatives aux modifications du Code pénal, lors de la révision de 1832, un député proposa de reculer jusqu'à 18 ans l'époque où la question de discernement doit être posée. « Le Code pénal fixant à seize ans, l'âge auquel est attachée la présomption légale que l'accusé a agi avec discernement, me paraît avoir complètement méconnu les lois qui président au développement de l'intelligence humaine. Il n'est pas vrai qu'un jeune homme de seize ans ait le bon sens de la réflexion qu'il aura dans un âge plus avancé ; il n'est pas vrai qu'il ait sur ses passions l'empire qu'il acquerra probablement sur elles avec quelques années de plus ; et lors même qu'on me citerait l'exemple d'individus de cet âge, chez qui se seraient rencontrés l'instinct qui pousse au crime, les combinaisons qui en calculent l'exécution, la férocité qui étouffe le remords, je répondrai que la question n'est pas de savoir si toutes ces circonstances peuvent se rencontrer

ou même se rencontrent ordinairement chez les criminels
de seize ans, mais au contraire de savoir s'il n'est pas quelques cas, quelque rares qu'ils puissent être, où ces mêmes
circonstances ne se rencontrent pas. Voilà, ce me semble,
comment la question doit être posée. » (Discours de
M. Teulon.)

Un amendement, déposé en ce sens, fut repoussé et on
conserva la limite de seize ans.

15. — Mais qu'on adopte comme âge de la majorité pénale
soit seize ans, soit dix-huit ans, ou tout autre chiffre, ce qu'il
faut retenir du système actuellement en vigueur pour le critiquer, c'est que, quel que soit son âge, l'enfant peut être
traduit en justice au gré du ministère public ; car ce que
la loi exige seulement à l'égard des mineurs de seize ans,
c'est que la question de discernement soit résolue affirma-
tivement ou négativement, et c'est cet état de choses que
nous regrettons.

Il a conduit à des résultats tout à fait désavoués par
l'opinion publique. Nous accordons que, la plupart du
temps, les membres des parquets ne procèdent qu'avec une
grande prudence, mais il peut n'en pas être toujours ainsi
et l'on pourrait citer plusieurs faits qui semblent le prouver. C'est ainsi que dans la statistique de 1847, nous trouvons l'exemple d'un enfant et dans celle de 1854, l'exemple de
trois enfants n'ayant pas encore six ans révolus, mis en accusation pour crimes, devant les Cours d'assises. Tout en
ignorant les circonstances de la cause, une telle poursuite
que notre loi ne rend pas impossible, puisqu'elle l'abandonne à l'appréciation individuelle des magistrats, nous
semble tout à fait anormale. Devant le tribunal correctionnel de Vannes comparaissait à l'audience du 24 avril
1850, un enfant de six ans, poursuivi pour homicide, par

suite de coups et batteries sur un autre enfant de quatre ans ! L'enfant a été renvoyé des fins de la poursuite (1).

Ce sont là des faits fort rares, mais qu'on peut toujours craindre de voir se renouveler avec la législation existante: « D'ailleurs, dit M. Rossi, s'il est entendu que les enfants au-dessous d'un certain âge, pendant une période dont le législateur aurait à tracer la limite, ne doivent pas être poursuivis, rien ne saurait justifier une loi qui rend ces poursuites possibles. »

16. — La minorité de seize ans est donc, d'après notre Code pénal, une excuse légale. Quelques auteurs ont soutenu qu'elle n'était qu'une cause de mitigation de peine; d'autres ont voulu y voir un fait justificatif.

L'art. 65 du Code pénal porte bien que le crime ou délit ne peut être excusé ni la peine mitigée, que dans les cas et dans les circonstances où la loi déclare le fait excusable ou permet de lui appliquer une peine moins rigoureuse ; mais cet article ne dit pas ce qui constitue aux yeux du législateur une cause d'excuse, et ce qui constitue une cause de mitigation.

Pour dire que la minorité de seize ans n'est pas une excuse légale, on a soutenu que l'âge ne change pas la qualification du fait, ce qui d'ailleurs est notre sentiment personnel, bien que la doctrine contraire soit celle de MM. Chauveau et Faustin-Hélie, qui s'appuient sur deux arrêts de cassation du 27 juin 1828 et du 9 février 1832. En admettant même l'opinion de MM. Chauveau et Hélie, la raison ne serait pas suffisante. Mais la question soule-

(1) Statistiques criminelles de 1860, publiées par le ministère de l'inté-rieur.

Le Droit, journal des tribunaux, n° du 7 mai 1850.

vée par ces auteurs est importante par elle-même et mérite
qu'on s'y arrête.

L'âge, disent-ils, change la qualification du fait, et ils
s'appuient sur les deux arrêts que nous venons de citer. Il
y a en effet dans ces arrêts, une énonciation favorable à
l'opinion de ces auteurs. La Cour changeait ainsi, sous l'influence de la loi du 25 juin 1824, attributive de compétence et donnant aux tribunaux correctionnels mission de
connaître des crimes commis par des mineurs de seize ans
qui n'auront pas de complices au-dessus de cet âge, une
jurisprudence établie par des arrêts nombreux (arrêts du
10 avril 1818, du 2 avril 1825).

Dans ces arrêts, la Cour déclarait : « Que la peine correctionnelle n'avait été substituée à la peine afflictive ou infamante qu'en considération de l'âge du coupable, qu'elle
ne changeait pas la nature du fait de sa condamnation et
que sa détention dans une maison de correction avait toujours pour cause la culpabilité du crime dont il était convaincu. »

Dans les arrêts du 27 juin 1828, 2 octobre 1828, et 9 février 1832, la Cour suprême décidait au contraire « que
l'attribution donnée aux juges correctionnels, de la connaissance de faits à raison desquels ces tribunaux n'ont prononcé que des peines correctionnelles, place nécessairement ces faits dans la catégorie des délits, et ne permet pas
de leur reconnaître le caractère de crime. »

Nous ne pouvons adhérer à cette jurisprudence qui nous
paraît en opposition avec les principes proclamés par la
Cour de cassation elle-même.

Notre législation criminelle comprend trois classes d'infractions, à chacune desquelles correspond une peine d'une
nature particulière. Le caractère de chaque infraction
est donc déterminé d'une manière invariable, d'après la

dénomination que lui attribue le Code pénal. Suivant qu'elle appartient à l'une de ces trois catégories, elle est qualifiée *crime, délit* ou *contravention*. Il suit de là que le fait incriminé conserve la qualification que le législateur lui a imprimée en indiquant la peine qui est attachée à cet acte. Il importe peu que la peine qui est naturellement attachée à ce fait, soit modifiée à raison de quelque circonstance particulière : cette modification ne fait pas que l'acte délic- tueux change de nature. La Cour de cassation avait du reste elle-même reconnu la vérité de cette proposition, notamment dans les arrêts des 10 avril 1818 et 2 avril 1825, cités plus haut.

La Cour suprême paraît s'être fondée principalement, pour changer sa jurisprudence, sur l'attribution faite à la juridiction correctionnelle des crimes commis par les mineurs. Mais cette circonstance ne peut exercer aucune influence sur les faits soumis à cette juridiction. Il est de principe que notre législation ne fait pas dépendre la qua- lification d'un fait de la juridiction à laquelle il est déféré.

Le crime commis par un mineur de seize ans ne change pas de nature, par cela seul qu'il est porté devant le tribu- nal correctionnel. S'il est inculpé, par exemple, d'un vol avec escalade, et que sa culpabilité soit reconnue, il est con- vaincu d'un fait puni d'une peine afflictive, qui, aux termes de l'article Ier du Code pénal constitue un crime, et il lui est fait application des dispositions de la loi qui répri- ment ce genre d'infractions. Ce n'est pas l'art. 401 dont lecture est faite par le président, mais bien l'art. 381. Le législateur a bien, par une exception personnelle, admis une sorte d'excuse en faveur de l'âge et par suite modifié la pénalité encourue en droit commun ; mais il n'a rien changé à la qualification du fait qui reste toujours un crime, Il s'agit seulement de la substitution d'une répression plus indulgente que le mineur doit à son jeune âge, d'une sorte de commutation de peine, ainsi que le disait le rapporteur de la loi de 1824 au Conseil d'État.

Pour pouvoir se rallier au système de la Cour de la castion, il faudrait admettre que la loi de 1824 a eu pour objet de modifier le caractère des crimes imputés aux mineurs. Mais son texte et son esprit résistent à cette interprétation. Dans l'exposé des motifs présentés à l'appui de cette loi, M. le garde des sceaux déclarait formellement que l'innovation proposée ne constituait qu'une simple réduction de peine résultant de la nature de la juridiction, mais qui ne changeait ni le caractère de l'infraction, ni même le caractère de la peine. Le garde des sceaux ajoutait que la loi avait pour but soit d'abréger et de simplifier les épreuves que devait subir le coupable, soit de diminuer, à la fois, la durée et la honte du châtiment qu'il reçoit. Le texte de l'art. I de la loi de 1824 est du reste en parfaite harmonie avec le commentaire qu'en faisait le garde des sceaux. Loin de dire que ces sortes d'infractions constituent à l'avenir de simple délits, l'art. I est ainsi conçu : « Les individus âgés de moins de seize ans qui seront prévenus de crimes.... » rédaction qu'a reproduite l'art. 68 du Code pénal révisé. Il est si vrai que la juridiction est une circonstance tout à fait indifférente, que l'attribution au tribunal correctionnel de certains crimes commis par des mineurs n'a pas lieu d'une manière absolue. Il faut pour que cette juridiction puisse en connaître, que le mineur de seize ans n'ait pas de complices présents au dessus de cet âge. Ainsi le même fait qualifié crime, s'il est imputé à un mineur, peut être justiciable soit de la Cour d'assises, soit de la juridiction correctionnelle. N'est il pas singulier de prétendre que le même fait peut à la fois constituer un crime et un délit selon la juridiction compétente ? Telle serait la conséquence de la doctrine que nous combattons.

Cette discussion qui peut sembler au premier abord purement théorique, nous fournira des solutions importantes au point de vue de la récidive et de la prescription.

Pour dire que la minorité de seize ans ne constitue pas une véritable excuse légale dans notre législation, il faut supposer qu'il est de l'essence d'une excuse de changer la qualification de l'infraction ; mais c'est là une supposition toute gratuite : aucune loi n'a dit cela et ne pouvait le dire, en vertu même des raisons que nous venons de faire valoir dans la précédente discussion. De ce que l'excuse modifie souvent la nature de la peine, parce que sa cause diminue la criminalité subjective, on ne saurait légitimement conclure qu'elle métamorphose le caractère de l'infraction, dit M. Bertaud. Le mineur de seize ans, en réalité, est donc bien condamné en matière criminelle et de ce qu'il ne subit que des peines correctionnelles, on ne peut pas conclure qu'il n'ait commis que de simples délits.

Enfin, il y a une dernière raison pour faire de la minorité de seize ans une véritable excuse ; c'est le juge du fait qui vérifie la minorité de seize ans et qui lui imprime sa conséquence, tantôt l'affranchissement de toute peine, tantôt l'atténuation de la peine, suivant que la question de discernement aura été résolue dans un sens ou dans un autre. Ce point, il est vrai, a fait aussi question : le droit de vérifier l'existence de la minorité a été revendiqué par les cours d'assises ; mais la juriprudence, aujourd'hui, n'hésite plus à reconnaître que le droit dont il s'agit fait partie des attributions du jury.

La minorité de seize ans n'est donc ni une cause d'irresponsabilité, un fait justificatif, — ce qui tendrait à dire qu'elle supprime la culpabilité : or il n'en est rien — ni une simple cause de mitigation de peine, comme dans les articles 16, 70, 71 du Code pénal : c'est une cause d'excusabilité ; c'est une excuse légale En matière de fait justificatif, en effet, comme le dit la loi elle même, il n'y ni crime ni délit. L'action est justifiée pleinement et absolument par le défaut d'intention. Le crime ou le délit n'existant pas, il n'y a point à l'excuser. La démence, la contrainte, l'obéissance à la loi et à l'autorité, la nécessité de la légitime défence ne sont donc pas des faits qui excusent un crime ou un délit existant. Il sont d'une bien autre nature ; sous leur influence, l'action est demeurée un fait matériel : elle n'a pas pris le caractère d'un crime ou d'un délit.

Dans les cas d'excuse, au contraire, l'action a pris au moment de l'exécution le caractère criminel qu'elle ne dépouille pas. Elle a constitué dès le principe un crime ou un délit, elle reste ce qu'elle est. Seulement la loi à raison de certaines circonstances, la déclare excusable et en mitige ou en supprime même la peine. Mais ces circonstances n'ont pas pour effet de justifier l'action et d'empêcher la criminalité : elles ne font que l'atténuer, elles ne sont dans la vérité du droit et du langage que des excuses.

Tel est enfin l'avis de M. Blanche dans ses études pratiques sur le Code pénal : la question même ne fait pas doute pour lui. « La minorité de seize ans, dit-il, est une excuse légale. »

CHAPITRE II.

Des Juridictions compétentes.

Nous savons que le Code pénal divise les infractions à la loi pénale en trois classes : les crimes, les délits et les contraventions. Les crimes sont punis par les cours d'assisses, les délits par les tribunaux correctionnels, les contraventions par les tribunaux de simple police. Tel est l'ordre établi au point de vue de la répréssion ; mais en ce qui concerne les compétences, cet ordre est quelque peu modifié par l'art. 68 du Code pénal qui introduit la catégorie des crimes punis correctionnellement.

Cet art. 68 est ainsi conçu :

« L'individu âgé de moins de seize ans qui n'aura pas de complices présents au-dessus de cet âge et qui sera prévenu de crimes autres que ceux que la loi punit de la peine de mort, de celle des travaux forcés à perpétuité, de la peine de la déportation ou de celle de la détention sera jugé par les tribunaux correctionnels qui se conformeront aux deux articles ci-dessus. »

Cet article, tel qu'il existe encore aujourd'hui, n'est que la reproduction de l'art. I de la loi du 25 juin 1824 sauf en ce qui concerne la peine politique de la détention. Le Code pénal de 1810 n'avait attribué qu'un seul effet à l'excuse dérivant de la minorité de seize ans, c'était de mitiger ou même, dans certain cas, de supprimer la peine. Il s'était abstenu de toucher à l'ordre des juridictions : il avait laissé tous les crimes commis par les mineurs de seize ans dans

la compétence des cours d'assises et n'avait donné aux tribunaux correctionnels que la connaissance des délits.

Mais dès 1810, ainsi que nous le montrerons dans la dernière partie de cette étude, l'opinion publique commençait
à s'émouvoir à propos de toutes les questions touchant à
l'enfance coupable. Le sort des jeunes détenus l'occupait vivement, un mouvement en leur faveur commença à s'organiser et l'on se demanda si l'on ne pourrait pas soustraire
le plus possible le mineur de seize ans à l'ignominie de la
cour d'assises. La loi du 25 juin 1824 vint donner satisfaction
à l'opinion sur ce point, en renvoyant les mineurs de seize
ans qui n'auraient pas de complices au dessus de cet âge
et qui seraient prévenus des peines que nous avons indiquées plus haut, devant les tribunaux correctionnels.

L'une des révisions de la loi du 28 avril 1832, ce fut d'introduire dans l'art. 68 du Code pénal, l'art. 1 de la loi du 25
juin 1824, en ajoutant toutefois aux trois peines dont l'application était réservée à la cour d'assises, une quatrième
peine de création nouvelle, la peine politique de la détention.

Reprenons maintenant chacune des situations qui peuvent se présenter en suivant l'ordre des juridictions.

La cour d'assises reste compétente pour juger le mineur
de seize ans.

I. Si le mineur a commis un crime punissable ou de la
peine de mort, ou des travaux forcés à perpétuité, de la
déportation et de la détention, et cela que le mineur de
moins de seize ans soit avec ou sans complices.

II. S'il a commis un crime punissable des travaux forcés
à temps ou de la réclusion, et qu'il ait des complices
au-dessus de cet âge, il est encore passible de la juridiction

Querenet.   3

des assises, et cela par suite de l'indivisibilité de la procédure. (Cassat. 18 novembre 1824.)

III. Il y a un troisième cas tout spécial où le mineur de moins de seize ans est encore justiciable de la cour d'assises. C'est le cas où le fait, quoique qualifié délit, a été commis par voie de publication, ou était d'une nature politique. (Art. 13, loi du 26 mai 1819. — Art. I 6 de la loi du 8 octobre 1830.) Cette exception n'avait pas survécu aux décrets des 31 décembre 1851, 17 février 1852 et 28 février 1852. Elle revit en vertu de l'art. I de la loi des 15-22 avril 1871 qui distingue pas entre les délits commis par des agents de moins de seize ans et ceux commis par des agents au-dessus de cet âge. Il est juste d'ajouter que dans ce cas la juridiction de la cour d'assises n'est pas une défaveur, c'est au contraire une faveur.

4. Est justiciable des tribunaux de police correctionnelle :

I. — Le mineur de moins de seize ans, qui a commis un crime punissable des travaux forcés à temps, ou de la réclusion et qui n'a pas de complice au dessus de cet âge. Les tribunaux correctionnels appliqueront alors les art. 66 et 67 du Code pénal, selon que l'individu mineur de seize ans aura été déclaré avoir agi avec ou sans discernement.

II. — Le mineur de moins de seize ans qui a commis un simple délit : c'est alors l'article 69 qui est applicable.

Enfin le mineur qui a commis une contravention est justiciable des tribunaux de simple police.

Il résulte donc de cet exposé que l'article 68 est venu créer une compétence spéciale dans certains cas, en faveur des mineurs de moins de seize ans.

5. — Mais pour qu'un accusé puisse revendiquer le bénéfice de la compétence exceptionnelle établie par l'arti-

cle 68, il faut qu'il soit constant que cet accusé est âgé de
moins de seize ans. C'est en ce sens qu'il a été décidé que
c'est au prévenu qui invoque le bénéfice de son âge comme
une exception en sa faveur, à prouver cette exception.
Dès lors, le prévenu d'un crime qui prétend qu'au
moment de sa perpétration, il n'avait pas encore seize ans,
mais qui ne justifie pas cette exception, doit être renvoyé devant le Cour d'assises. Jugé dans ce sens par un
arrêt de Cassation du 28 avril 1836, où il est dit : « La
Cour..., attendu que les recherches faites dans l'instruction à l'égard de l'âge de l'accusé ont été sans résultat ;
que c'est donc à tort que l'ordonnance de la chambre du
conseil du tribunal de Châteauroux (lire aujourd'hui *l'ordonnance du juge d'instruction*) a admis l'assertion du prévenu relative à l'âge et l'a renvoyé, par ce motif, en police
correctionnelle, pour un fait qualifié crime par l'art. 386
du Code et de la compétence de la Cour d'assises : renvoie
B... devant la Cour de Bourges, chambre d'accusation. »
Sur la détermination de la compétence, plusieurs questions peuvent surgir.

6.—La minorité de seize ans, avons-nous déjà dit, est une
excuse. Or, en règle générale, la question d'excuse ne peut
être résolue que par le juge chargé de statuer définitivement sur le fait incriminé, et par conséquent il n'appartient de l'examiner ni au juge des mises en prévention
(juge d'instruction depuis la loi du 17 juillet 1856, suppri-
mant la juridiction des chambres du conseil et en trans-
férant les attributions au juge d'instruction), ni à celui des
mises en accusation. (Chambres d'accusation.) En effet, dit
M. Blanche, l'excuse n'est pas une cause justificative du
crime ou du délit ; elle lui laisse au contraire son caractère intrinsèque et n'en modifie que les conséquences pé-

nales. Le fait incriminé demeurant ce qu'il est, malgré l'excuse dont il est accompagné, et par conséquent, restant dans la compétence du juge auquel il est dévolu, il s'ensuit nécessairement que la question d'excuse ne peut être vidée que par ce même juge; mais dans notre cas, il appartient au juge des mises en prévention et à celui des mises en accusation d'examiner et de résoudre une question d'excuse. Ce droit, ils le tiennent de la nature même des choses. Appelés à régler la compétence, et la compétence ne pouvant se déterminer que par l'âge du prévenu, il est clair qu'ils peuvent et même qu'ils doivent rechercher et décider si celui-ci est ou non mineur de seize ans.

En conséquence, lorsque le juge d'instruction réglera la procédure, conformément aux dispositions des art. 127 et suiv. du Code d'instruction criminelle, il devra, dans le cas où la minorité de seize ans exerce une influence sur la compétence, reconnaître et déclarer que le prévenu a ou n'a pas cet âge.

7. — Mais sera-t-il, dans ce cas, nécessaire, quoiqu'il s'agisse d'un crime, que la décision du juge d'instruction soit soumise à la chambre des mises en accusation ? La question se présenta dans les circonstances suivantes ·

Un nommé Rambault était poursuivi à raison d'un vol qualifié; la peine encourue était celle des travaux forcés à temps; l'accusé était âgé de moins de seize ans et n'avait pas de complices présents au-dessus de cet âge. Renvoyé directement par ordonnance de la chambre du conseil devant le tribunal correctionnel de Neufchatel, il avait été en définitive l'objet d'un arrêt dont il croyait avoir à se plaindre. Le pourvoi qu'il forma contre cette décision, était fondé sur ce que, prévenu de faits qualifiés crimes, il avait été directement renvoyé devant le tribunal correctionnel par ordonnance de la chambre du conseil, tandis que, suivant l'article 133 du Code d'instruction criminelle, les pièces de la procédure devaient être transmises au procureur général pour être statué par la chambre des mises en accusation. Son pourvoi fut rejeté : « attendu que l'art. 130 du Code d'instruction criminelle prescrit aux chambres du conseil des tribunaux de première instance de renvoyer le prévenu devant le tribunal correctionnel si le délit est reconnu de nature à être puni de peines correctionnelles ; que l'art. 133 du même Code n'ordonne l'envoi des pièces au procureur général que lorsque les juges estiment que le fait est de nature à être puni de peines afflictives et infamantes ; attendu qu'aux termes de l'art. 68 du Code pénal, l'individu âgé de moins de seize ans, qui n'a pas de complices présents au-dessus de cet âge et qui est prévenu de crimes autres que ceux que la loi punit de la peine de mort, de celle des travaux forcés à perpétuité, de la peine de la déportation, ou de celle de la détention, doit être jugé par les tribunaux correctionnels ; attendu que le demandeur était prévenu d'un vol qualifié, dont la peine est celle des travaux forcés à temps, qu'on ne lui imputait pas d'avoir des complices, qu'il n'y avait donc lieu de suivre les formes tracées par l'art. 133 du Code d'instruction criminelle... » (Cass. 20 avril 1850.)

8. — On a critiqué cet arrêt, à tort croyons-nous, disant que pour y adhérer, il faudrait admettre que l'âge change la qualification du fait, ce que nous avons contesté de toutes nos forces. L'arrêt du 20 avril 1850, a-t-on dit, est une conséquence des arrêts du 27 avril 1828 et du 9 février 1832, qui portent dans leur motif que l'âge fait dégénérer le fait commis par le mineur de seize ans, et qualifié crime, en simple délit. Mais il suffit de se reporter à la discussion du

chapitre précédent, de reprendre les travaux préparatoires de la loi du 25 juin 1824, les déclarations du garde des sceaux, pour se convaincre que ce point de vue est erroné. Ce n'est pas là ce que la Cour suprême vient consacrer.

En effet la loi de 1824, en intervertissant l'ordre des jurictions, n'a eu d'autre but que de diminuer pour l'enfant la honte de l'audience, que de le traduire devant une jurictiction moins infamante, et ce qui le prouve, ce qui révèle bien l'esprit de cette loi de commisération, c'est qu'en 1832, lors de la révision générale du Code pénal, on revint sur cette situation malheureuse faite à l'enfant, sur cette flétrissure des débats publics, même devant le tribunal correctionnel, infligé à ces mineurs de seize ans, trop jeunes le plus souvent pour comprendre l'immoralité du fait et l'importance du jugement.

La commission de la Chambre des pairs, vivement frappée de ces inconvénients et de l'avenir de ces enfants, rédigea un amendement ainsi conçu : « Si l'individu est âgé de moins de douze ans, le tribunal pourra ordonner, sur la réquisition du ministère public, que le jugement aura lieu en chambre du conseil, les parents du prévenu dûment appelés et en présence de son conseil. » On disait à l'appui : « La loi ne nous a pas paru avoir tout prévu : il y a un âge auquel le discernement ne peut être mis en question. On ne peut le dire dans la loi, car il diffère selon les individus ; mais c'est une chose tout à fait affligeante que de voir paraître sur les bancs des cours d'assises ou de la police correctionnelle de malheureux enfants. La commission a cru parer à cet inconvénient en établissant un âge au-dessous du quel le tribunal pourrait ordonner que le jugement n'aurait pas lieu en audience publique, mais en chambre du conseil. Elle a fixé l'âge de douze ans ; elle a pensé que lorsque l'accusé avait moins de douze ans, il ne pouvait y

avoir intérêt pour la société à faire paraître cet enfant devant le public. » Néanmoins cette proposition fut écartée
par le motif que le droit commun veut que les débats et le
jugement soient publics en matière criminelle, que la
Charte n'a autorisé d'exception à cette règle que dans le seul
cas où l'ordre public et les mœurs seraient compromis par
la publicité, et que s'il n'est pas douteux que le jugement
d'enfants de moins de douze ans ne puisse, dans beaucoup
de cas, compromettre les mœurs publiques, il suffit que
la sagesse des magistrats puisse concilier le principe de la
publicité des débats avec les égards qui sont dus à l'enfance. Telles furent les observations de M. Renouard.
(*Moniteur* du 20 mars 1832.)

Cette loi de 1824 n'eut donc aucunement pour résultat
de changer le fait, au point de vue de sa qualification légale, en changeant la juridiction. Elle ne porte que sur la
compétence : le fait reste crime, s'il est ainsi qualifié, et
le dispositif de l'arrêt ou du jugement correctionnel doit
viser les articles rangeant dans la classe des crimes les faits
commis; la minorité de seize ans ne peut supprimer l'escalade, la circonstance de nuit, l'effraction, etc. Elle excuse
le crime dans une certaine mesure, modifie la peine à appliquer, et la compétence, mais ne peut faire dégénérer le
crime en un simple délit : ce qui a été un crime reste et
restera toujours un crime.

Mais ce n'est pas là ce qui nous occupe. Pour déclarer
que le juge d'instruction peut renvoyer directement le mineur accusé de certains crimes et qui n'a pas de complice
au-dessus de seize ans, devant le tribunal correctionnel, la
Cour n'avait pas besoin de dire que l'âge change la qualification du fait : il lui suffisait, — ce qu'elle a fait, — d'appliquer l'art. 130 du Code d'instruction criminelle. Cet
article, en effet, pour déterminer la juridiction compétente,

s'attache, non pas à la nature du fait commis, — mais à la nature de la peine encourue. « Si le délit est reconnu de nature à être puni par des peines correctionnelles... » dit l'art. 130 ; et cela indépendamment de la qualification juridique du fait commis.

9. — Il faut remarquer que la décision du juge d'instruction n'est que provisoire et indicative de la compétence ; elle ne lie pas le tribunal correctionnel. Il en résulte que si ce tribunal estime que le prévenu n'est pas âgé de moins de seize ans, il peut et doit même, malgré l'ordonnance du juge d'instruction, se déclarer incompétent. Rappelons que d'après un arrêt de cassation, du 28 avril 1836, c'est au prévenu, qui invoque le bénéfice de son âge comme une exception en sa faveur, à prouver cette exception.

Si la chambre des mises en accusation est saisie d'un procès dans lequel la compétence peut être modifiée en raison de la minorité de seize ans, elle doit, comme le juge d'instruction, examiner et résoudre la question. Si elle considère que l'excuse existe, elle renverra l'affaire devant le tribunal correctionnel, qui pourra, comme dans le cas où il est saisi par l'ordonnance du juge d'instruction, se déclarer incompétent. Alors il y aura lieu à un règlement de juge, en cassation. Si, au contraire, la chambre des mises en accusation, considère que l'excuse n'existe pas, elle mettra le prévenu en accusation et le renverra devant la Cour d'assises.

Mais alors la Cour d'assises est irrévocablement saisie ; elle n'a pas le droit, comme le tribunal correctionnel, de se déclarer incompétente, quand bien même il lui serait démontré que l'accusé est âgé de moins de seize ans. Elle sera tenue de le juger, parce qu'à l'égard de la Cour d'assises, l'arrêt rendu par la chambre des mises en accusation est *attributif* et non·pas seulement *indicatif* de compétence.

La Cour de cassation a fixé sa jurisprudence, en ce sens, principalement dans un arrêt du 20 avril 1827, rendu dans les circonstances suivantes.

La chambre des mises en accusation de la cour d'Agen avait renvoyé devant les assises Pierre B..., pour un crime autre que ceux auxquels la loi attache la peine de mort, celle des travaux forcés à perpétuité, celle de la déportation ou de la détention. La Cour d'assises, considérant que Pierre B... était âgé de moins de seize ans, qu'il n'avait pas de complices au-dessus de cet âge et que le crime pour lequel il était poursuivi n'était pas de ceux prévus et indiqués par l'art. 68 du Code pénal, se déclara incompétente. Sur le pourvoi du ministère public, l'arrêt fut cassé « attendu que la Cour d'assises du département de Lot-et-Garonne était saisie, en vertu d'un arrêt de renvoi de la chambre des mises en accusation de la cour royale d'Agen, du jugement de l'accusation portée contre Pierre B...; que cet arrêt n'était pas simplement indicatif de la compétence, qu'il en était attributif et qu'il n'aurait appartenu qu'à la Cour de cassation de l'annuler s'il lui eût été déféré dans le délai prescrit par la loi; que la Cour d'assises n'avait pas le droit de le réviser et de l'anéantir, en se déniant, sous prétexte que l'accusé était âgé de moins de seize ans, la compétence que cet arrêt lui a attribué ; que les arrêts des chambres d'accusation, quand ils ont acquis l'autorité de la chose jugée, lient irrévocablement les cours d'assises, parce que, investies de la plénitude de la juridiction criminelle, elles ne doivent jamais se déclarer incompétentes, soit à raison de la qualité des personnes, soit à raison de la nature des faits qui leur ont été déférés; que la loi du 25 juin 1824, n'a apporté aucune modification à ces principes ; que si elle ordonne (art. 1) que les individus âgés de moins de

seize ans, prévenus de crimes, seraient jugés correctionnellement, elle n'a pas chargé les cours d'assises d'annuler les arrêts qui renverraient mal à propos devant elles
ces individus. »

Il est inutile d'ajouter que le mineur de seize ans, par
suite de l'erreur de la chambre des mises en accusation,
n'aura perdu que le bénéfice de la compétence correctionnelle ; il jouira devant les assises de tous les autres avantages résultant de l'excuse de l'âge.

Les mineurs de seize ans jouissent donc d'une première
atténuation de peine qui leur permet, à raison de leur âge
et en dehors des termes de l'art. 68 du Code pénal, de ne
se défendre des crimes commis par eux que devant la
juridiction correctionnelle.

CHAPITRE III

De la question d'âge.

1. — Par ces mots de l'art. 66 : « Lorsque l'accusé aura
moins de seize ans, » que faut-il entendre ? Ces mots dési-
gnent-ils tous les individus qui n'ont pas encore seize ans
accomplis, ou bien seulement ceux qui ne sont pas entrés
dans leur seizième année ? Quelques criminalistes ont
pensé que les art. 66 et suivants ne peuvent être invoqués
que par celui qui est encore dans sa quinzième année. On
fait remarquer en faveur de cette opinion que, lorsque le
législateur veut désigner un certain nombre d'années ac-

complies, il le dit expressément, ainsi qu'on le voit dans l'art. 66, *in fine* : « L'individu sera détenu tel nombre d'années qui ne pourra excéder l'époque *où il aura accompli sa vingtième année.* »

L'art. 70 du Code pénal nous offre un même exemple : « Les peines de... ne seront prononcées contre aucun individu *agé de soixante-dix ans accomplis* au moment du jugement. »

On peut encore citer l'art. 368 du Code civil.

On invoque ensuite l'adage : *Annus inceptus pro completo habetur.* Mais nous croyons, malgré ces raisons, qu'on doit entendre par individus âgés de moins de seize ans, tous ceux qui n'ont pas encore accompli leur seizième année, bien que leur quinzième soit révolue. Le sens grammatical des mots ne permet pas de considérer comme âgé de seize ans celui qui est entré seulement dans sa seizième année : avoir seize ans, c'est en langage usuel, avoir seize fois douze mois ; par conséquent, c'est avoir traversé toute sa seizième année et être arrivé à la dix-septième : donc, tant que la seizième année n'est pas accomplie, l'âge de quinze ans sans doute est dépassé : mais l'âge de seize ans n'est pas atteint. L'auteur du fait a moins de seize ans, comme le dit l'art. 66, et la disposition de cet article lui est applicable.

Ajoutons, comme argument historique, que le Code pénal de 1791 (1re partie, titre I, art. 1) désignait en termes exprès l'âge de seize ans accomplis, et rien n'annonce que le législateur de 1810 ait voulu modifier cette disposition.

Enfin, en matière criminelle, on doit préférer, entre deux interprétations, celle qui est la plus favorable à l'accusé.

2. — C'est au moment du crime et du délit et non pas au moment du jugement qu'il faut s'attacher pour apprécier

si le prévenu est âgé de plus ou de moins de seize ans. Il importe peu qu'entre l'action et le jugement, il ait accompli sa seizième année : les art. 66 et 67 ne peuvent être compris autrement, puisqu'il s'agit d'apprécier la culpabilité de l'accusé au moment où, dit le texte, il a agi : et que l'examen de la question de discernement ne peut être utile sur ce point qu'autant que cette question se rapporte au moment où l'acte a été commis.

« Attendu que des pièces produites, il demeure constant que Bertrand O..., réclamant, était âgé de moins de seize ans, lorsqu'il a commis le crime pour lequel il a été condamné, » dit un arrêt de cassation du 17 septembre 1818, et la Cour annula l'arrêt qui avait omis de faire à cet accusé l'application des art. 66 et 67 du Code pénal. (*Sic.* Cas., 19 avril 1821.)

3. — La minorité de seize ans se prouvera par l'acte de naissance de l'accusé ou du prévenu. C'est le ministère public qui devra pourvoir à ce que cet acte soit recherché et joint aux pièces de la procédure : telle est la pratique générale des parquets. Mais si ce mineur de seize ans ne peut produire son acte de naissance, s'ensuit-il qu'il doive perdre le bénéfice de la loi ?

La Cour de cassation a été jusqu'à décider l'affirmative dans un arrêt célèbre, l'arrêt Picard, du 19 avril 1821, en se fondant sur ce qu'il y a présomption légale, quand l'acte de naissance n'est pas produit, que le prévenu n'était pas âgé de moins de seize ans. Il n'y avait donc pas lieu, disait la Cour, de poser dans ce cas, la question de savoir s'il avait agi avec discernement.

Il nous paraît impossible d'admettre une semblable présomption qui ne s'appuie sur aucune disposition de la loi : l'âge de l'accusé est un fait, un élément d'aggravation ou d'atténuation de la peine, et il nous semble qu'en cas de doute, ce fait doit, comme tous les autres, être soumis à l'appréciation du jury, car de ce que la preuve authentique d'un fait n'est pas produite, comment conclure qu'elle n'existe pas? Comment d'une simple omission induire une présomption légale? Cette présomption ne devrait-elle pas d'ailleurs exister également en faveur de l'accusé? Et puisque l'âge de seize ans accomplis est une circonstance aggravante, n'est-ce pas au ministère public de l'établir?

4. — MM. Chauveau et Hélie, dans l'espèce de l'arrêt de 1821, font remarquer une circonstance favorable à notre opinion. L'accusé n'avait produit qu'après sa condamnation un acte de naissance, duquel il résultait qu'il n'avait pas seize ans ; et la Cour de cassation, en rejetant son pourvoi, motiva surtout ce rejet sur ce qu'il n'est pas dans ses attributions de juger le mérite des actes qui n'ont pas été produits devant les tribunaux qui ont rendu le jugement attaqué. Cette décision spéciale a néanmoins été attaquée. «Faudra-t-il que l'accusé, a dit M. Carnot, porte sa tête sur l'échafaud, lorsqu'il pourrait être si facilement constaté qu'il n'avait pas réellement l'âge de seize ans accomplis, quand il s'était rendu coupable ? La poursuite des crimes doit être faite à charge et à décharge, et l'accusé n'aurait pas allégué qu'il n'était pas âgé de seize ans accomplis, qu'il serait du devoir du ministère public de s'en assurer; si le ministère public a négligé de remplir ce devoir sacré, l'accusé devrait-il devenir la victime d'une telle imprévoyance? Cependant il le deviendrait, si son acte de naissance à la main, il n'en devait pas moins subir une peine qu'il n'aurait pas encourue. »

Il faut conclure de là, en rappelant encore que dans le doute la présomption la plus favorable doit être appliquée à l'accusé, que si l'acte de naissance n'est pas trouvé, le juge devra y suppléer en consultant tous les genres de preuves mis à sa disposition et dans l'incertitude résoudre la question en faveur de l'accusé ou du prévenu. C'est ce qu'a reconnu, depuis, un arrêt du 4 mai 1839.

5. — D'ailleurs le seul moyen d'éviter tous ces inconvénients, est de consulter le jury sur l'âge de l'accusé, toutes les fois qu'il y a doute sur cet âge ; et c'est le parti qui a été en dernier lieu adopté par la Cour de cassation. Un arrêt du 26 septembre 1850 dispose en effet : « Qu'aux termes de l'art. 340 du Code d'instruction criminelle, si l'accusé a moins de seize ans, le président doit, à peine de nullité, poser une question de discernement ; que la question de savoir si l'accusé a moins de seize ans, ayant pour objet un fait essentiellement modificatif de la criminalité, doit être posé au jury toutes les fois que les énonciations de l'arrêt de mise en accusation ou les *résultats du débat* paraissent l'indiquer ; que dans l'espèce, l'ordonnance de prise de corps énonce que l'accusé avait près de seize ans à l'époque de la perpétration du crime ; que cette ordonnance confirmée par l'arrêt de renvoi fait corps avec cet arrêt ; que néanmoins ce même arrêt dans son préambule et l'arrêt de la Cour d'assises, qui en reproduit les termes, portent que l'accusé était âgé de seize ans, mais que cette énonciation, qui n'indique point qu'il y ait eu vérification de ce fait, ne suffit pas pour détruire la première ; que dès lors le président de la Cour d'assises avait le devoir de soumettre au jury une première question sur le point de savoir si l'accusé avait moins de seize ans. » — 26 septembre 1850. Cas. Aff. Peyssel.

6. — Deux points de détail à noter.

I. — L'accusé qui s'est dit âgé de seize ans dans tous ses

interrogatoires ne peut être réputé âgé de moins de seize ans comme il le prétend ultérieurement, s'il ne justifie pas de son âge dans le délai d'un mois qui lui a été fixé à cet effet, et si son nom n'existe sur aucun des registres des communes qu'il a indiquées (Crim. Rejet, 19 messidor an V). Remarquons que ce délai d'un mois était tout spécial à l'espèce; cet arrêt d'ailleurs ne juge pas le principe, il ne décide que dans un cas particulier. (Voir pour l'espèce et jugement du tribunal criminel du Doubs. Dalloz, Repert. de législat. Peine, § 436, note I.)

II. — De ce que l'accusé, après s'être dit dans un premier interrogatoire âgé de seize ans, a déclaré un âge inférieur dans des interrogatoires suivants, il ne s'ensuit pas qu'il doive être réputé âgé de moins de seize ans, pour donner lieu par suite, à la position de la question de discernement, si, aux débats, sur l'interpellation d'âge, il a répondu seize ans, si lui et son défenseur n'ont pas réclamé contre l'arrêt de condamnation qui lui donne ce même âge, si enfin il ne produit pas devant la Cour de cassation son acte de naissance constatant qu'il a moins de seize ans. Une simple dénégation dans ce cas ne saurait prévaloir contre l'aveu fait précédemment et répété soit devant le juge d'instruction soit à l'audience. C'est dans ce sens qu'a statué un arrêt de la Chambre criminelle du 3 octobre 1817.

8. — Mais quel est le juge compétent pour reconnaître la minorité de seize ans ? Il faut décider malgré certaines hésitations de juriprudence et malgré des divergences dans la doctrine que c'est le jury qui est exclusivement compétent pour décider si, à l'époque du crime, l'accusé était âgé de moins de seize ans.

Certains auteurs (1) pour laisser à la Cour l'appréciation

(1) Lesellyer, Traité du Droit criminel. — Rodière, p. 270-271.

de l'âge se fondent sur ce que les jurés n'ont à délibérer
que sur les questions à eux posées, aux termes des art.
342 et 344 du Code d'instruction criminelle : or, la difficulté est justement ici de savoir s'il y a lieu de poser une
question d'âge ; on soutenait le droit de la Cour d'assises
surtout pour le cas où la question d'âge n'est par douteuse
lorsqu'elle est résolue par exemple par la production de
l'acte de naissance.

Et cette opinion a même reçu la sanction de la Cour suprême dans un arrêt du 16 septembre 1836, cassant l'arrêt
de la Cour d'assises du département de la Corse du 9 août
1836, qui avait soumis au jury la question de minorité de
seize ans : « Attendu que le Code d'instruction criminelle
énumère toutes les questions qui doivent être soumises au
jury et qu'il ne comprend pas dans cette énumération la
question relative à l'âge de l'accusé ; attendu que dans
l'ordre progressif des débats devant la Cour d'assises,
lorsque cette question se présente, elle doit être jugée
préalablement à toute position de question au jury, puisque de sa solution dépend le point de savoir s'il y a eu lieu
de poser au jury la question de discernement, dans le cas
fixé par l'art. 340 du Code d'instruction criminelle ; que
par conséquent c'est à la Cour d'assises qu'il appartient exclusivement de prononcer sur l'âge de l'accusé, qui se prétend âgé de moins de seize ans ; attendu néanmoins que,
contrairement à ces principes, la Cour d'assises du département de la Corse, en l'absence de toute preuve ou de
document sur l'âge d'Ange-Marie R.., et sur l'articulation
de cet accusé qu'il était âgé de moins de seize ans, au lieu
de résoudre elle-même cette difficulté dont le jugement lui
appartenait, a posé au jury, qui l'a résolue négativement,
une question ainsi conçue : « Ledit accusé R... était-il âgé
de moins de seize ans, au moment du crime? » « attendu

qu'en procédant ainsi, la Cour d'assisses a formellement violé les règles de la compétence.... »

Mais cet arrêt reposait sur une erreur facile à démontrer. Il est exact de dire que le Code d'instruction criminelle énumère toutes les questions qui doivent être soumises au jury, mais est-il vrai qu'il ne comprenne pas dans cette énumération la minorité de seize ans? C'est là qu'est l'érreur de l'arrêt. Car la minorité de seize ans est sans aucun doute, une excuse, puisqu'elle a pour objet direct et immédiat de mitiger la peine. Or, si elle est une excuse, elle est comprise dans l'énumération des questions qui doivent être soumises au jury, puisque tous les faits d'excuses, quels qu'ils soient, sont compris dans cette énumération. Or le jury, juge du fait principal, est nécessairement juge des circonstances accessoires qui peuvent le modifier.

9. — La Cour de cassation devait d'ailleurs revenir sur la doctrine exprimée dans l'arrêt de 1836. C'est ainsi que nous relevons un arrêt du 4 mai 1839, rendu dans les circonstances suivantes.

Joseph H... était accusé d'avoir commis, depuis une année, plusieurs attentats à la pudeur, consommés sans violence, sur la personne d'un enfant âgé de moins de onze ans. A l'audience l'âge de l'accusé était devenu incertain : il n'avait pas fait l'objet d'une question au jury et néanmoins la Cour d'assisses avait condamné Joseph H... comme s'il était reconnu qu'il n'était pas âgé de moins de seize ans. H... se pourvut contre cet arrêt qui fut annulé par la Cour : « attendu que l'art. 340 du Code d'instruction criminelle veut, à peine de nullité, que la question de discernement soit posée, lorsque l'accusé a moins de seize ans ; que la nécessité de la position de cette question étant subordonnée

Queronet.   4 à une condition, à savoir, si, au temps de l'action, l'accusé avait accompli sa seizième année, il est absolument indispensable de constater le fait, toutes les fois qu'il est devenu incertain par les débats ; attendu que la circonstance de l'âge de l'accusé au dessous de l'âge de seize ans, est essentiellement modificative de la criminalité ; qu'aux termes des art. 66 et 67 du Code pénal, elle efface le crime ou change la peine, selon que l'accusé est déclaré avoir agi avec ou sans discernement ; qu'elle ne peut pas être fixée d'une manière absolue et par la seule considération de l'époque à laquelle l'accusé a pris naissance, mais qu'elle doit l'être dans son rapport avec l'époque, souvent incertaine, à laquelle il aurait commis le crime qui lui est imputé ; que cette circonstance se lie donc au fait même de l'accusation ; qu'il en forme un des principaux éléments, d'où il suit que la solution de la question qui la concerne rentre nécessairement dans les attributions du jury ; et attendu, en ce qui concerne Joseph H... qu'il résulte des circonstances de la cause que les derniéres déclarations de l'accusé viennent infirmer ou contredire les première et qu'en l'absence d'un extrait des registres de l'état civil servant à constater sa naissance, il y a incertitude sur le point de savoir s'il était âgé de moins de seize ans aux temps auxquels remontent les faits qui lui sont imputés : que dès lors, il était nécessaire d'en faire l'objet d'une question distincte à soumettre au jury, et pour le cas où elle recevrait une solution affirmative, de poser la question de discernement : qu'omettre ces questions, c'était enlever à l'accusé les garanties que la loi avait voulu lui donner et violer à son égard, l'art. 340 du Code d'instruction criminelle. (Arrêts conformes du 20 septembre 1846 et du 26 septembre 1850.)

10. — Tel est bien le droit, mais ces arrêts ne vont pas assez loin : nous eussions voulu, d'accord avec M. Blanche, que ces arrêts reconnussent, que si la question de minorité de seize ans doit-être, posée au jury, c'est moins peut-être parcequ'elle est le préliminaire obligé de la question de discernement, que parce qu'elle constitue par elle-même un véritable fait d'excuse.

Toutes les fois donc qu'il sera permis de croire que l'accusé est mineur de seize ans, et surtout dans le cas où il présentera son âge comme excuse, le président des assises devra poser aux jurés la question suivante : « Le nommé... était-il âgé de moins de seize ans, au moment du crime ci-dessus spécifié ? »

Si l'accusation porte sur plusieurs crimes, ayant des dates différentes, la question d'âge devra être posée à l'occasion de chacun de ces crimes.

11. — Reste une dernière question. Un individu condamné peut-il invoquer pour la première fois devant la Cour de cassation le bénéfice de son âge ? Un arrêt de 19 avril 1821, dejà cité, confirmé par un arrêt du 27 février 1845 décide que le condamné qui n'a pas produit devant la Cour d'assises la preuve qu'il était âgé de moins de seize ans au moment du délit n'est par recevable à la présenter devant la Cour de cassation. Le premier de ces arrêts affirme qu'il y a présomption légale de majorité quand le délinquant ne produit pas son acte de naissance. Mais où donc cette prétendue présomption est-elle écrite ? Et en tout cas, la présomption, quelle qu'elle soit, ne doit-elle pas, surtout en matière pénale, céder la place à la vérité ?

Le second arrêt se garde bien d'invoquer cette prétendue présomption qui n'est écrite dans aucune loi ; il se fonde sur la reconnaissance implicite de l'accusé qui n'a pas opposé, l'excuse d'âge. Mais, lors du jugement ou de l'arrêt, l'accusé n'avait peut-être pas les moyens de faire la preuve de sa minorité de seize ans. Ce qui rend la question très délicate, c'est que la circonstance de l'âge, comme nous l'avons montré, fait partie des circonstances de fait dont l'appréciation est laissée au jury. Et sur tout ce qui touche le fait, la Cour de cassation ne peut rien : de plus, dit-on, pour justifier la doctrine de la Cour suprême, tout en reconnaissant, selon les expressions de M. Carnot, dans ses observations (n° 11) sur l'art. 66, que la poursuite des crimes doit être faite à charge et à décharge, toujours est-il que la loi n'établit aucune nullité pour le cas où le Ministère public aura négligé, au point de vue de l'âge de l'accusé, telle ou telle vérification; en l'absence de cette vérification, on ne peut donc casser l'arrêt de la Cour d'assises.

Mais il y a ici un intérêt supérieur d'humanité à invoquer : la vérité doit l'emporter sur la présomption ; et rien ne parait s'opposer à ce que la Cour de cassation fasse établir devant elle la preuve de l'âge du condamné, qui, par cela seul qu'il est mineur de seize ans, ne peut subir de peine afflictive ou infamante. Et par ce côté la question touche au droit qui est le domaine de la Cour de cassation. La Cour elle-même avait dans le principe embrassé cette sage doctrine à laquelle on doit souhaiter la voir revenir. Il avait été décidé, en effet, que le condamné qui n'a pas produit devant le tribunal correctionnel ou la Cour d'assisses, la preuve qu'il était âgé de moins de seize ans au moment du délit, est recevable à faire cette preuve devant la Cour de cassation. (Arrêt. Ch. crim, 9 messidor, an VIII. 8 brumaire an IX.)

CHAPITRE IV.

De la question du discernement.

Après la question d'âge en matière de minorité de seize ans, le jury a une seconde question à résoudre, c'est la question de discernement. *L'accusé, âgé de moins de seize ans, a-t-il agi avec ou sans discernement?* Cette seconde question, est une conséquence forcée de la minorité de seize ans, une fois établie.

1. — Cette question de discernement rentre, sans qu'il puisse s'élever le moindre doute, dans les attributions du jury. Elle est mise par le texte précis et formel de l'art. 340 du Code d'instruction criminelle dans sa compétence. Toutes les fois qu'un accusé de moins de seize ans est mis en jugement, le président aux termes de l'art. 340 du Code d'instruction criminelle doit, à peine de nullité, poser cette question : L'accusé a-t-il agi avec discernement? La loi modificative du 28 avril 1832 a ajouté à l'article ces mots, *à peine de nullité*, et cependant il n'y avait point ici d'abus à réformer ; la Cour de cassation avait plusieurs fois annulé des arrêts, par cela seul qu'il avaient oublié de mentionner la position de cette question. (Cassation 9 thermidor an VIII. 8 brumaire an XI, 16 août 1822.)

2. — Du reste, cette position doit avoir lieu devant le tribunal correctionnel comme devant la Cour d'assisses, car le principe est général : l'art 58 du Code pénal déclare formellement que les tribunaux correctionnels se conformeront aux deux articles ci-dessus, qui règlent les conséquences de la réponse faite à la question de discernement. Or, obliger ces tribunaux à répondre à une question, c'est les obliger à la poser. Il faut donc que le jugement constate, à peine de nullité, que la question de discernement a été posée et résolue. (Cassation, 30 mai 1841, 12 août 1843.)

III. — La même question s'est posée en matière de simple police. Le juge de simple police doit-il résoudre la question de discernement, quand il se trouve en présence d'un prévenu de moins de seize ans ? Le Code est muet sur la question : l'art. 340 du Code d'instruction criminelle ne se réfère qu'aux crimes ; l'art. 68 du Code pénal n'a trait qu'aux délits. Il faut donc nous reporter aux principes du droit commun.

La juriprudence de la Cour de eassation tranche la question en faveur de l'affirmative, ainsi que le prouve une série d'arrêts conformes du 20 janvier 1837 au 21 mars 1868 : le juge de simple police doit se poser la question de discernement et ne statuer qu'après l'avoir résolue. La question cependant ici peut faire doute et devrait selon nous être décidée par une distinction.

S'il est vrai, en effet, de dire que, pour qu'il y ait crime ou délit, il faut qu'il y ait une manifestation de volonté, libre arbitre, s'il faut en un mot qu'on rencontre dans les circonstances de la cause les éléments de l'imputabilité pénale, il n'en est pas de même en matière de contravention. Ce point semble avoir été admis dans un arrêt de cassation du 12 février 1863. D'après cet arrêt, les contra-

ventions constituent des délits non intentionnels, c'est-à-
dire des délits qui existent et sont punissables même en
l'absence de toute intention de délinquer. L'intention ici
n'est pas nécessaire pour qu'il y ait punition, à moins que
la loi ne l'ait exceptionnellement et textuellement exigée ;
comme dans les cas prévus par les art. 475,§ 8, et 479,§ 1 et
7 du Code pénal.

Nous croyons donc que c'est dans ces cas seulement que
l'art. 66 devra être appliqué, en matière de simple police,
au contrevenant âgé de moins de 16 ans.

4. — Nous avons vu que le droit et le devoir de résoudre
la question de discernement appartenaient au jury. Voyons
comment, en la forme, on pose cette question.

I. — En matière de crimes, en exécution de l'art. 337 du
Code d'instruction criminelle, on commence par demander
au jury par une première question, si l'accusé est coupable d'avoir commis le crime relevé par l'acte d'accusation.
Toutes les autres questions d'âge, de discernement, sont
subordonnées à la question de culpabilité; puis, quand il n'y
a aucune contestation sur l'âge, on pose, conformément à
l'art. 340, cette seconde question spéciale et éventuelle ;
l'accusé, âgé de moins de 16 ans, a-t-il agi avec discernement? Au premier aspect, il semblerait que les deux questions se font antagonisme. En effet, si l'accusé est coupable, comment peut-il avoir agi sans discernement ; et s'il
a agi sans discernement, comment peut-il être coupable ?
Mais la contradiction n'est ici qu'apparente. En effet, dans
ce cas, comme chaque fois qu'il s'agit d'excuses légales, le
mot *coupable* inséré dans la première question se réfère
par une exception forcée, uniquement à la matérialité du
fait et non plus, comme d'habitude, à l'élément intentionnel.

II. — En matière de délits et de contraventions de police, au moins dans les cas où, selon nous, la question de discernement doit être résolue, c'est au tribunal ou au juge de simple police de décider, après avoir formé leur opinion sur la culpabilité et sur l'âge de l'individu.

5. — Si maintenant, devant le jury, ce fait que l'accusé aurait plus ou moins de seize ans était l'objet de difficultés, alors il faudrait soumettre au jury deux questions spéciales. Dans ce cas, le président, ne saurait, sous peine d'obscurité dans la réponse du jury, comprendre dans la même question tout à la fois la question relative à l'âge et celle concernant le discernement. Si par exemple la question était ainsi rédigée : à l'époque du crime, l'accusé était-il agé de moins de 16 ans et dans ce cas a-t-il agi avec discernement ? A quoi s'appliquerait la réponse négative du jury ? Serait-ce à la partie relative à l'âge, ou bien au contraire à celle relative au discernement ? La difficulté s'est produite ; à la question complexe portant en même temps sur l'âge et sur le discernement, le jury répondit : *Non* ; De la réponse négative, le defenseur de l'accusé conclut que le jury avait résolu en sa faveur la question de discernment ; un doute sérieux existait : au lieu de renvoyer les jurés dans la chambre de leurs délibérations, et de les appeler à résoudre ce doute, de manière à exclure toute alternative qui laissait la culpabilité incertaine, la Cour d'assises se réserva la solution : « en quoi, dit un arrêt de cassation du 18 avril 1836, elle usurpa les attributions du jury, puisqu'il s'agissait d'une question de fait et non de droit, et qu'elle n'avait pas d'élément légal de solution, quant à l'âge dans les termes de l'art. 340 du Code d'instruction criminelle. » Dès lors la réponse à la question ne présentait pas de base légale, soit à un acquittement, soit à une condamnation.

Ainsi donc, en cas de contestation, le président doit poser deux questions distinctes. Dans l'une, il demandera au jury si l'accusé était, au temps du crime, âgé de moins de seize ans ; dans l'autre, et pour le cas d'affirmative, il l'interrogera éventuellement sur le point de savoir si l'accusé aurait agi avec discernement.

6. — Ici s'élève encore une difficulté qui touche à la fois à la question d'âge et à la question de discernement. Si le ministère public représentait un acte de naissance attribuant à l'accusé plus de seize ans, cet accusé pourrait-il, par exemple, en soutenant que cet acte de naissance ne s'applique pas à lui, alléguer qu'au temps du crime, il avait moins de seize ans, et requérir la Cour de poser au jury la question de discernement? Un arrêt du 4 mai 1839 semble réserver à la Cour d'assises le droit d'examiner la prétention de l'accusé. « C'est en effet, dit-il, en l'absence d'un extrait des registres de l'état civil, servant à constater la naissance, qu'il y a incertitude sur le point de savoir si l'accusé était âgé de moins de seize ans et nécessité d'en faire l'objet d'une question distincte à soumettre au jury.» Mais cette induction ne saurait résister aux principes que nous avons précédemment posés; nous avons dit en effet : 1° que la reconnaissance de l'identité de l'accusé, alors qu'elle est contestée, rentre dans le vaste domaine des faits et que c'est aux jurés seuls qu'il appartient de la constater ; 2° et que les jurés devant avoir la latitude la plus grande et la souveraineté la plus absolue dans l'examen des faits, on doit les interroger même sur les faits qui semblent prouvés par des actes authentiques, lesquels n'enchaînent pas leurs consciences. Dès lors, et si ces principes sont vrais, le moyen de défense de l'accusé et la question dont il

requiert la position échappent à la compétence de la Cour et rentrent dans les attributions du jury.

7. — Lorsque l'accusé ayant plus de seize ans, le jury a été indûment interrogé sur le discernement, il y a eu fausse application, et, par conséquent, violation de l'art. 340 du Code d'instruction criminelle. Cependant la nullité n'est pas toujours la suite de cette erreur : si les jurés ayant répondu que l'accusé a agi avec discernement, la peine a été infligée comme si la question n'eût pas été posée, pas d'intérêt lésé, et partant, pas de grief fondé ; si au contraire, les jurés ont constaté l'absence de discernement et si la Cour a fait état de leur réponse, les résultats de l'accusation ont été modifiés par la question illégale, et il y a matière à cassation.

8. — Mais un arrêt ou un jugement qui absout le prévenu par application de l'art. du Code pénal relatif au prévenu âgé de moins de seize ans, c'est-à-dire comme ayant agi sans discernement, bien que ce prévenu soit âgé de plus de seize ans est à l'abri de toute critique, s'il a jugé en fait qu'il était aliéné d'esprit. (Crim. Cassation, 30 juillet 1807, Aff. Guillemin.)

9. — Quand l'accusé a plus de seize ans, il est présumé par la loi avoir agi avec discernement, et la question dès lors ne doit plus être posée. Cependant il est possible, en fait, que la raison de l'individu arrivé à cet âge soit encore très peu développée. Il existe des natures tardives, chez lesquelles les facultés intellectuelles restent longtemps dans une sorte d'engourdissement : ce sont des exceptions dont le législateur ne doit pas se préoccuper lorsqu'il s'agit d'éta-

blir une règle générale, mais dont cependant l'équité veut qu'on tienne compte lorsqu'elles viennent à se produire.

Supposons donc qu'un accusé de plus de 16 ans se trouve dans ce cas, que devrait-on faire à son égard ? La question de discernement ne sera pas posée : la loi ne le permet pas : mais le Jury l'examinera comme élément de la criminalité du fait, et s'il juge que l'accusé, bien qu'âgé de plus de seize ans, a néanmoins agi sans discernement, il devra prononcer un verdict de non culpabilité.

C'est ainsi qu'il a été jugé que l'accusé de plus de seize ans doit être acquitté, si la présomption légale de discernement se trouve fausse à son égard ; mais nous savons que le jury doit répondre par oui ou par non aux questions qui lui sont posées et qu'il ne doit être fait aucun état des faits ou circonstances que par un excès de pouvoir il aurait cru pouvoir y ajouter. Par suite, est sans aucun effet légal, l'addition faite par le jury à sa déclaration de non culpabilité de ces mots : « *mais sans discernement.* » Il en est surtout ainsi dans l'hypothèse plus spéciale où nous nous placions, celle où l'accusé avait plus de seize ans lorsqu'il a commis le crime, objet de l'accusation : dans ce cas, la formule « *qu'il a agi sans discernement* » ne pourrait pas amener l'acquittement ; il faudrait que l'accusé fût déclaré non coupable. (Crim. Rej. 1er sept. 1826.)

20. — Quand l'accusé a plus de seize ans, s'il requiert que la question de discernement soit posée, le jugement ou l'arrêt qui rejette cette demande doit être motivé, car cet arrêt qui a pour objet de modifier le fait de l'accusation, la culpabilité de l'accusé et l'application de la peine, ne peut être considéré comme un arrêt d'instruction ou comme un arrêt simplement préparatoire. (Cassat., 14 octobre 1826.)

11. — Lorsqu'un mineur de moins de seize ans est traduit

devant la Cour d'assises sous l'accusation de plusieurs crimes, la question de discernement doit, à peine de nullité,
être posée séparément pour chaque chef d'accusation : c'est
ainsi qu'a jugé la Cour de cassation dans l'espèce suivante.

Marie Jacqueline T..., mineure de seize ans, était accusée
de quatres crimes distincts d'incendie. Le président de la
Cour d'assises avait posé des questions séparées pour
chaque fait principal et pour chacune des circonstances
aggravantes qui s'y rattachaient ; mais il n'avait fait qu'une
seule question de discernement, rendue ainsi commune à
tous les chefs d'accusation. Le Jury ayant résolu cette question contre la fille T..., celle-ci fut condamnée aux peines
déterminées par la loi. Sur son pourvoi l'arrêt fut annulé ;
« attendu en fait que la demanderesse en cassation, âgée de
moins de seize ans, a été renvoyée devant la Cour d'assises
comme accusée de quatre crimes distincts d'incendie ;
attendu que le président de la Cour d'assises a posé des
questions distinctes pour chaque fait principal et pour
chacune des circonstances aggravantes qui s'y rattache-
chaient, mais qu'il n'a posé qu'une seule question de discernement commune à tous les chefs d'accusation ; attendu
que dans toute accusation portée contre un mineur de
seize ans, le jury doit être interrogé spécialement et distinc-
tement sur la question de savoir si l'accusé a agi avec discernement ; attendu que conformément à l'art. 66 du Code
pénal, cette question, résolue négativement, enlève au fait
principal son caractère de criminalité et entraîne l'acquittement de l'accusé ; que le discernement est donc un des
éléments essentiels de la culpabilité légale, et par suite
une partie substantielle de l'accusation sur chacun des
crimes qui en fait l'objet ; attendu que des solutions différentes sur la question de discernement peuvent être moti-
vées par des circontances qu'il appartient au jury d'appré-

cier souverainement quant aux divers chefs d'accusation ;
attendu que par la position d'une question unique sur le
discernement, le jury s'est trouvé dans la nécessité de statuer par une seule réponse sur la culpabilité relative à
quatre faits principaux, au lieu d'avoir à répondre distinc-
tement pour chacun d'eux ; que la question ainsi posée et
la réponse intervenue contiennent donc manifestement le
vice de complexité, et constituent dès lors une violation
expresse des art. 340 du Code d'instruction criminelle et
1ᵉʳ de la loi du 13 mai 1836. » (Cassat. 9 février 1854). Cette
solution, qui est relativement neuve, nous paraît juridique
et devoir être suivie, surtout lorsque les crimes réprochés
sont de natures différentes ou résultent de faits accomplis
à des dates distinctes.

12. — En terminant sur la question de discernement,
remarquons que la minorité de seize ans et le défaut de
discernement qu'il ne faut pas confondre avec l'absence
d'intention criminelle, n'étant que des excuses, il en
résulte nécessairement que le juge, avant de s'en occuper,
doit rechercher s'il a un coupable à punir. Car si le fait
qui lui est dénoncé n'est pas prouvé, si ce fait ne constitue
ni un crime, ni un délit, si l'accusé ou le prévenu n'en est
pas l'auteur, ou s'il l'a exécuté sans intention criminelle, le
juge n'a pas à se demander si l'accusé ou le prévenu
aurait pu trouver une excuse dans son âge ou son défaut
de discernement. Il lui doit une satisfaction plus complète
et plus radicale, il doit le renvoyer purement et simplement des poursuites, *en un mot l'acquitter.*

Or, en prescrivant de poser une question spéciale sur le
discernement, le Code d'instruction criminelle démontre
bien qu'il est juste de dire que le défaut de discernement
ne doit pas être confondu avec l'absence d'intention crimi-

nelle. Si, comme on l'a dit quelquefois, « l'enfant qui a agi sans discernement, est justifié parce qu'il n'avait pas l'intention criminelle », à quoi bon consulter le jury par une question particulière sur le discernement? La question principale, qui interroge le jury sur la culpabilité de l'accusé, la comprendrait, comme il comprend l'intention criminelle. Pour que la loi ait ordonné la position d'une question distincte et secondaire sur le discernement, il faut évidemment qu'elle ait entendu que le discernement se distinguait de l'intention criminelle.

En admettant cette distinction, la loi n'a fait, au reste, que consacrer une incontestable vérité, c'est que l'*intention* n'est pas la même chose que le *discernement*. On a par l'intention, la volonté de bien ou de mal faire, et par le discernement, la faculté d'apprécier si l'on a bien ou mal fait. Le mineur de seize ans peut avoir exécuté avec une intention coupable, une action qualifiée crime ou délit, mais il peut en même temps, à cause de la faiblesse de son âge, n'avoir pas discerné toute l'immoralité de l'acte qu'il a exécuté et de l'intention avec lesquels il l'a exécuté. Il est coupable à raison du fait qu'il a accompli et de l'intention avec laquelle il l'a accompli : il est excusable à raison de l'imperfection de son discernement.

Il y a donc une différence essentielle entre l'absence d'intention criminelle et le défaut de discernement,

Dans le premier cas, l'action est pleinement justifiée : dans le second cas, elle n'est qu'excusée.

13. — Il ne faudrait pas croire qu'il est indifférent pour le mineur de seize ans d'être renvoyé des poursuites ou parce qu'il n'est pas coupable ou parce qu'il a agi sans discernement.

La question importe à plusieurs points de vue :

I. — D'abord, dans le premier cas, il est renvoyé des poursuites sans dépens; dans le second, au contraire, il est condamné aux frais.

II. — En outre, et c'est ici que se présente tout l'intérêt de la question pour le mineur de seize ans, dans le premier cas, l'affaire est définitivement réglée, le pouvoir du juge est épuisé, le mineur n'a plus rien à en redouter ; dans le second, il en est tout autrement.

Si, comme dans le cas précédent, le mineur est éxonéré de toute espèce de peine, il n'en demeure pas moins, aux termes de l'art. 66 du Code pénal, à la disposition du juge qui peut, lorsqu'il le juge convenable, le retenir pour un temps plus ou moins long dans une maison de correction.

III. — Enfin, le défaut de discernement n'étant qu'une excuse, il s'ensuit qu'il ne peut pas, comme l'absence d'intention criminelle, être déclaré par le juge des mises en prévention ni par celui des mises en accusation. Elément du fait principal, il ne peut, comme ce fait lui-même, être décidé que par le juge chargé de statuer définitivement sur l'accusation ou sur la prévention.

En effet, l'excuse n'est pas une cause justificative du crime ou du délit, elle lui laisse au contraire son caractère intrinsèque, et n'en modifie que les conséquences pénales. Le fait incriminé demeurant ce qu'il est, malgré l'excuse dont il est accompagné, et par conséquent, restant dans la compétence du juge auquel il est dévolu, il s'ensuit nécessairement que la question d'excuse ne peut être vidée que par ce même juge. La jurisprudence est constante en ce sens. (Cassat., 25 février 1813, 29 mai 1827, 8 juillet 1831.)

14. — En résumé, la minorité de seize ans et l'absence de discernement ne sont que des excuses ; elles ne doivent donc, comme toutes les excuses, être examinées qu'après la

question de culpabilité, et que dans les seuls cas où cette question est résolue contre l'accusé ou le prévenu.

CHAPITRE VI.

De l'application de la peine.

1. — Il résulte de ce que nous avons dit sur la question de discernement que l'accusé ou le prévenu, âgé de moins de seize ans, peut se trouver dans deux situations fort différentes.

Dans l'une il joindra, au bénéfice de son âge, celui qui résultera de son défaut de discernement : c'est la situation de l'art. 66 ; dans l'autre il ne jouira que du bénéfice de son âge : c'est le cas des art. 67 et 69.

Nous examinerons successivement ces deux situations.

§ 1. — DU MINEUR QUI A AGI SANS DISCERNEMENT.

2. — A cet égard, l'art. 66 du Code pénal dispose. « Lorsque l'accusé aura moins de seize ans, s'il est décidé qu'il a agi sans discernement, il sera acquitté, mais il sera, selon les circonstances, remis à ses parents ou conduit dans une maison de correction, pour y être élevé et détenu pendant tel nombre d'années que le jugement déterminera, et qui toutefois ne pourra excéder l'époque où il aura accompli sa vingtième année. »

3. — Quoique cet article ne paraisse dans son texte prévoir que le cas où le mineur de seize ans est accusé d'un crime, nous croyons qu'il doit être appliqué en matière de délit, et, avec distinction, en matière de contravention de police. Il n'est pas permis en effet, de supposer que la loi ait entendu traiter plus favorablement les premiers que les seconds. Les dispositions de l'art. 66 sont générales, elles ne protègent pas moins ceux-ci que ceux-là. Il en résulte que les tribunaux correctionnels ne peuvent pas plus que les cours d'assises prononcer une peine contre les mineurs de seize ans, sans avoir au préalable déclaré que l'action a été commise avec discernement.

La Cour de cassation, qui a jugé en ce sens, a dû réformer plusieurs fois des arrêts de cour d'appel, statuant en sens contraire.

C'est ainsi que la cour de Colmar avait décidé, en droit, que cet article ne pouvait pas être appliqué à un individu âgé de moins de seize ans, et ayant agi sans discernement, lorsque le fait dont il était couvaincu n'était qu'un délit. Sur le pourvoi du procureur général de cette cour, l'arrêt fut annulé, « attendu que l'art. 66, relatif aux individus âgés de moins de seize ans, qui ont agi sans discernement, s'applique indistinctement au cas où ces individus n'auraient commis qu'un délit, comme à celui où ils auraient commis un fait qualifié crime ; que cette généralité d'application résulte de la corrélation évidente dudit article avec les art. 67 et 69 du même code, qui prévoient les différents cas où un individu âgé de moins de seize ans, aurait commis avec discernement, soit un crime, soit un délit, et qui déterminent les différentes peines qui doivent lui être appliquées ; qu'il s'ensuit donc que, lorsqu'un individu âgé de moins de seize ans a été déclaré convaincu d'un fait soumis à des peines correctionnelles, mais d'avoir agi

Querenet.   5

sans discernement, le Tribunal, après avoir prononcé son acquittement peut, selon les circonstances, le remettre à ses parents ou ordonner sa détention, conformément à l'art. 66 du Code pénal. (Cassat. 17 avril 1824. M. P. c. Madeleine North.)

4. — La cour d'assises des Landes, partant des mêmes principes que la cour de Colmar, était arrivée à une autre conséquence non moins fausse. Elle avait décidé que, dans le cas où il avait été reconnu par le jury que le mineur de seize ans avait agi sans discernement, le fait incriminé avait cessé sans doute d'être un crime, mais qu'il était devenu, les circonstances le permettant, un délit; et, faisant l'application de ces principes, la cour avait jugé qu'une fille F..., mineure de seize ans, déclarée coupable d'un vol qualifié, accompli sans discernement, était demeurée responsable d'un vol ordinaire, et que par conséquent, il y avait lieu de la condamner à l'emprisonnement et à la mise en surveillance, autorisée par l'art. 401 du Code pénal. Sur pourvoi, cet arrêt fut annulé, « attendu que, d'après l'art. 66 du Code pénal, l'accusé âgé de moins de seize ans doit être acquitté, s'il est déclaré qu'il a agi sans discernement; que la loi ne le reconnaît donc coupable ni de crime ni de délit, que la détention dans une maison de correction, qu'elle autorise la cour d'Assises à prononcer contre lui, n'est point une peine, mais un moyen de suppléer à la correction domestique, lorsque les circonstances ne permettent pas de le confier à sa famille, etc... » (Cassat., 16 août 1822.)

5. — Le principe qui sert de fondement à ces arrêts de la Cour de cassation est absolu; il s'applique même, fait remarquer M. Blanche, au cas où l'art. 271 du Code pénal dispense les vagabonds âgés de moins de seize ans, de la

peine de l'emprisonnement et se borne à les renvoyer sous la surveillance de la haute police. En effet, la surveillance est classée par le Code pénal parmi les peines: il en résulte donc qu'elle ne peut être prononcée comme les autres peines que contre les mineurs de seize ans ayant agi avec discernement.

C'est ce qu'a jugé la Cour de cassation, à plusieurs reprises, notamment dans un arrêt où il est dit: « Attendu que l'art. 66 contient des dispositions générales et absolues, attendu que le deuxième paragraphe de l'art. 271 du Code pénal, qui affranchit les vagabonds âgés de moins de seize ans de l'emprisonnement et qui veut sur la preuve des faits de vagabondage, qu'ils soient renvoyés sous la surviellance de la haute police, n'a pas eu pour but d'empêcher les tribunaux d'examiner la question de discernement et de refuser aux enfants qui ont agi sans discernement le bénéfice de la correction paternelle ou du renvoi dans une maison de correction pour y apprendre un état... que la surveillance de la haute police est une peine qui ne peut être appliquée qu'aux mineurs de moins de seize ans qui ont agi avec discernement... (Cassation 12 août 1843.)

6. — Que faut-il décider en matière de contravention de police ?

Nous avons dit dans le chapitre précédent, que la jurisprudence admettait la nécessité de la question de discernement en matière de simple police, comme en matière de crime et délit.

La jurisprudence peut se résumer en deux formules :

1° En matière de simple police, un mineur de moins de seize ans peut-être déclaré non punissable comme ayant agi sans discernement. (Cassat., 10 juin 1842.)

2° L'art. 66 relatif aux accusés de moins de seize ans qui

ont agi sans discernement, est applicable aux matières de simple police. (Crim. Cassat. 13 avril 1844.)

7. — Nous avons discuté et contesté la première formule car, on ne peut guère concevoir qu'une contravention purement matérielle puisse être excusée par la minorité de seize ans et le défaut de discernement. D'autre part les art. 66 et suivants sont placés dans un livre du Code qui ne s'occupe que des personnes excusables pour crimes et pour délits, et leurs dispositions ne sont pas reproduites dans le livre qui traite des contraventions de police et de leurs peines.

Mais sans nous arrêter à ce second motif qui nous touche peu, nous avons ajouté que la question du discernement ne devait être posée et résolue que dans les cas où la loi exige l'intention pour qu'il y ait contravention. Or la la plupart du temps, les contraventions de simple police sont des infractions non intentionnelles ; donc pas de question de discernement à poser, donc l'art. 66 ne sera pas applicable ici. De deux choses l'une, ou l'individu sera acquitté parce qu'on le déclarera non coupable du fait matériel qu'on lui reproche, et constitutif à lui tout seul de la contravention ; ou il sera déclaré coupable sans qu'on ait à tenir compte du discernement. Nous avons seulement réservé les cas exceptionnels où la contravention suppose l'intention ; alors, comme l'élément intentionnel qui justifie la question de discernement reparaît, la question de discernement reparaîtra en même temps.

La jurisprudence semble fort loin d'admettre cette distinction. Un arrêt de cassation du 12 février 1863 porte: « Attendu que du procès-verbal dressé le 18 juillet dernier par le garde-champêtre de la commune, il résulte que les dénommés audit procès-verbal ont commis l'infraction prévue par l'art. 471 § 13 du Code pénal, que ce procès-verbal n'a pas été débattu à l'audience par la preuve contraire, et que néanmoins les prévenus ont été renvoyés des fins de la poursuite, par ce triple motif que, mineurs, ils ont agi sans discernement, que le fait était de leur part, non un acte de méchanceté, mais un jeu d'enfant, et qu'enfin il n'y avait pas eu de dommage ; attendu que toutes ces excuses sont arbitraires, qu'en matière de contravention l'âge et le discernement et l'intention sont des circonstances complètement indifférentes, et, par ces motifs, la Cour casse. »

La Cour cependant n'a pas eu jusqu'ici, du moins à notre connaissance, à se prononcer sur la distinction que nous proposons entre les contraventions où l'intention entre ou n'entre pas comme élément constitutif de l'infraction pénale, au point de vue de l'art. 66.

8. — L'art. 66 autorise les juges à prendre diverses mesures à l'égard des mineurs de seize ans renvoyés des poursuites pour avoir agi sans discernement.

1° Ils peuvent les remettre à leurs parents. Dans la pratique, la juriprudence a étendu quelque peu les termes de la loi, en ce sens que le tribunal souvent remet l'enfant non pas seulement aux parents, auteurs directs, mais aux grands parents, au patron, voir même à une personne honorable qui le réclame. Il n'y a pas lieu, croyons-nous, de regretter cette extension que la pratique a donnée : à la loi, néanmoins en présence du texte de l'art. 66 qui ne porte que le mot « parents » et qui ne semble viser que les auteurs directs, on peut se demander ce que devraient décider les tribunaux si jamais les père et mère de l'enfant confié par un jugement à un étranger, se prévalaient des termes stricts de l'art. 66 pour critiquer la décision.

2° Les juges pourront aussi ordonner que les mineurs de

seize ans ans, renvoyés des poursuites pour avoir agi sans
discernement, seront conduits dans une maison de correc
tion et y seront élevés et détenus pendant tel nombre d'an-
nés que le jugement déterminera et qui toutefois ne pourra
excéder l'époque ou le mineur aura accompli sa vingtième
année.

Il est clair que cette faculté leur manqueraits si, pour une
raison quelconque en cas de coutumace par exemple, le mineur de seize ans n'était jugé qu'après avoir accompli sa
vingtième année : dans ce cas, les juges n'auraient plus
qu'à le mettre à la disposition des parents.

9. — L'art. 66 dit que dans le cas, où il y a lieu d'ordonner à l'égard du mineur de seize ans, qui a agi sans discernement, qu'il soit détenu dans une maison de correction,
cette détention sera prononcée pour tel nombre d'années
que le jugement déterminera. Peut-elle l'être pour moins
d'un an ? La raison de douter peut se tirer de la lettre de
la loi qui semble décider que la détention ne saurait être
moindre d'une année.

La Cour de cassation avait commencé par admettre cette
doctrine.

Sophie S..., mineure de seize ans, ayant été poursuivie
pour vol qualifié, le jury avait déclaré qu'elle était coupa-
bie du fait qui lui était imputé, mais qu'elle n'avait pas agi
avec discernement. Sophie S... avait été en conséquence
renvoyée des poursuites; mais il avait été ordonné qu'elle
serait détenue pendant six mois dans une maison de correction. Le pourvoi, formé par le ministère public contre
cette décision, fut déclaré non recevable, mais la Cour de
cassation annula l'arrêt dans l'interêt de la loi, « attendu
que ces expressions, tel nombre d'années, prouvent clairement la volonté du législateur que la détention qu'il or-

donne dans le but d'effacer les mauvaises impressions re-
çues par l'individu et de changer ses habitudes, n'ait pas une
durée moindre d'une année ; que cependant l'arrêt de la
Cour d'assises a réduit à six mois la durée de la détention
de Sophie S..., que cette réduction est une contravention
manifeste à l'art 66 du Code pénal. » (Cassat., 16 octobre
1811.)

La Cour n'a pas persisté dans ce sens et a admis dans la
dernière décision rendue sur la question, que la détention
peut-être réduite à un certain nombre de mois, « attendu
que l'art. 66 du Code pénal, en autorisant les juges à ordonner que l'accusé, âgé de moins de seize ans, qui est déclaré
avoir agi sans discernement, sera remis à ses parents ou
conduit dans une maison de correction pendant tel nombre
d'années que le jugement déterminera et qui, toutefois, ne
pourra excéder l'époque où il aura accompli sa vingtième
année, n'a établi qu'un maximum de la durée de la détention, et ne s'oppose pas à ce que cette détention
soit fixée à moins d'une année ; d'où il suit qu'en or-
donnant que l'enfant acquitté pour avoir agi sans discernement, serait conduit dans une maison de correction pour
y être élevé et détenu pendant six mois, l'arrêt attaqué n'a
point violé l'art. 66 précité. (Cassat., 8 février 1833.)

D'ailleurs, dit-on, à l'appui de cette solution, le juge peut
et doit même prononcer la détention pour un certain nombre de mois seulement si l'accusé avait vingt ans commen-
cés au moment du jugement, puis qu'il ne pourrait le retenir que jusqu'à vingt ans accomplis.

Malgré cela, nous ne sommes pas convaincus de la bonté
du système admis par la Cour suprême. L'arrêt cité du 10
octobre nous semblait tenir beaucoup plus de compte des
motifs et de l'esprit de la loi. Il est bien sûr que pour qu'une
condamnation arrive à produire un certain effet sur une

jeune nature déjà corrompue, il faut qu'elle soit d'une
certaine durée ; or, qu'on interroge les hommes qui s'occupent des questions pénitentiaires, leur réponse sera qu'il
faut au moins un an pour amender un condamné, pour lui
donner des habitudes de travail et d'esprit qui puissent le
mettre à l'abri d'une rechute. Aussi désirerions-nous dans
l'intérêt même de l'enfance coupable voir la Cour de cassation revenir à son ancienne doctrine.

10. — Une dernière conséquence de l'application de l'art.
66 au mineur de seize ans devrait être, selon certains auteurs, son affranchissement des frais de la procédure, conformément à l'art. 368 du Code d'instruction criminelle qui
ne fait peser ces frais que sur ceux qui ont succombé dans
les poursuites. Sur cette question, la Cour de cassation a
toujours décidé que le mineur était tenu des frais. (Cassat.
6 août 1813, 12 août 1843, 11 octobre 1845.)

La jurisprudence de la Cour repose sur cet unique motif
que le mineur, alors même qu'il est acquitté à raison de son
âge, a donné lieu a la poursuite, *dedit locum inquirendi*,
puisque le fait est reconnu constant.

Nous croyons que la Cour, en décidant ainsi, est dans la
vérité juridique, mais elle ne nous semble pas motiver
aussi fortement qu'elle le pourrait, son avis.

Ce n'est pas seulement parce que *dedit locum inquirendi*,
que le mineur, acquitté pour avoir agi sans discernement,
est condamné aux frais. C'est parce qu'il a été déclaré coupable : et à ce point de vue, le mot *acquittement* dont se
sert l'art. 66, conduit à une conséquence fausse. C'est
absolution qu'il eut fallu dire.

Ce n'est que dans le cas où le mineur de 16 ans sera renvoyé des fins de la plainte, comme non coupable, *acquitté*
au sens juridique du mot, que l'art. 368 du Code d'inst.

crim. s'appliquera par *a contrario* :« L'accusé qui succombera, dit l'art. 368, sera condamné aux frais. »

Donc celui qui est déclaré non coupable n'encourra pas cette condamnation.

Mais l'art. 368 du Code d'inst. crim. reste applicable au mineur renvoyé des fins de la plainte pour défaut de discernement, car déclarer qu'il n'y a pas eu discernement chez l'auteur, c'est reconnaître la matérialité du fait, la culpabilité de l'auteur. Nous avons en effet montré précédemment que l'intention criminelle pouvait exister, sans que cependant l'auteur ait eu l'intelligence du fait, en un mot le discernement.

11, — Il nous faut rechercher maintenant si ces articles relatifs à la minorité de 16 ans sont applicables aux lois spéciales.

La Cour de cassation a varié sur cette question. Elle avait d'abord posé en principe que la présomption favorable établie par l'art. 66, devait être restreinte dans les limites du Code pénal et qu'elle ne pouvait en conséquence être appliquée à l'égard des crimes ou délits que ce code n'a pas prévus.

12. — C'est ainsi qu'en matière de chasse, un jugement du tribunal correctionnel de Tours, statuant sur appel, avait renvoyé Joseph G.... des fins de la poursuite, sous le prétexte qu'il avait agi sans discernement. La cour cassa le jugement « attendu que le jugement attaqué... reconnaît que Joseph G... s'est rendu coupable du délit de chasse, sans permis de port d'armes ; que ce délit est prévu par les art. 1 et 3 du décret du 4 mars 1812, lequel ne mentionne aucune exception à l'application de la peine, en raison de l'âge du délinquant et de son défaut| de discernement ; at-

tendu que, d'après l'art. 484 du Code pénal, les dispositions de ce code ne sont pas applicables aux matières qui
ne sont pas réglées par lui, et qui sont régies par des lois
et des règlements particuliers, qu'ainsi, en renvoyant
Joseph G... de la plainte, sur le motif que, n'étant âgé que
de 14 ans, il a agi sans discernement, le jugement attaqué
a faussement appliqué l'art. 66 du code pénal, et viole les
articles précités du décret de 1812. (Cassat. 5 juillet 1839.)

En matière d'eaux et forêts, la Cour de Caen avait reconnu que Friquet avait péché avec un engin prohibé;
mais elle l'avait absout par la raison qu'il était mineur de
16 ans et qu'il avait agi sans discernement. La Cour suprême cassa, « attendu que d'après l'art. 484 du Code
pénal, les dispositions de ce code ne sont pas applicables
aux matières qui n'ont pas été réglées par lui et qui sont
régies par des lois spéciales, que les matières d'eaux et
forêts ne sont pas réglées par le Code pénal, mais par l'ordonnance de 1669 et autres lois forestières postérieures, que
cette ordonnance et les lois postérieures ne contiennent
aucune disposition, qui autorise les tribunaux à prendre
en considération l'âge et le défaut de discernemment des
délinquants dont ils s'occupent..., etc... (Cassat., 2 juillet 1813).

De même, enfin, un arrêt de cassation du 15 avril 1819
avait cassé un jugement du tribunal correctionnel de
Strasbourg qui, en matière de douanes avait fait application des art. 66 et suivants à un mineur de 16 ans.

Le motif principal invoqué dans tous ces arrêts est « que
les lois spéciales qui punissent ces délits ne contiennent
aucune disposition qui autorise les tribunaux à prendre en
considération l'âge et le défaut de discernement des délinquants dont elles s'occupent. »

13. — Mais ce silence des lois spéciales ne peut être pour nous une raison déterminante. La règle que consacre l'art. 66 n'est point un de ces principes qui, placés dans un code, ont pour limites, les limites mêmes de ce code. Elle résulte de la nature des choses, elle se puise dans les lois de la nature humaine, dans l'étude des progrès de l'intelligence de l'homme. C'est une loi générale qui domine toutes les législations, car elle prend son origine dans un fait commun à toutes les actions de l'homme, son ignorance présumée de la criminalité de ses actes, jusqu'à l'âge de seize ans accomplis. Prétendrait-on créer une exception à cette loi commune à l'égard des délits spéciaux? Mais il faudrait prouver alors que l'enfant dont l'intelligence est trop débile pour concevoir la criminalité d'un délit commun a toute l'intelligence nécessaire pour apprécier et comprendre les délits spéciaux.

Il faudrait admettre qu'inhabile à discerner la culpabilité d'un vol ou d'un assassinat, sa conscience lui révélerait sans peine la criminalité d'un délit de douanes, d'une contravention aux lois sur la chasse, d'une infraction à la police sanitaire. Or, n'est-il pas évident que les délits spéciaux, qui varient chez les différents peuples, avec les besoins et les mœurs et qui puisent leur criminalité dans la loi et non dans la conscience humaine, sont plus difficiles à saisir que des infractions communes que les plus simples notions de la morale révèlent plus ou moins vivement ?

A la vérité dans certaines matières spéciales, le fait matériel constitue à lui seul la contravention. Aussi peut-on admettre dans ces cas, avec la Cour de cassation, dans un arrêt du 22 novembre 1811, que les contraventions purement matérielles échappent à l'application de notre règle, c'est-à-dire à l'excuse d'âge et du défaut de discernement, Mais toutes les contraventions qui admettent la fraude comme élément constituent de véritables délits, et c'est surtout, en ce qui concerne les infractions de cette nature, que la présomption de non-discernement devrait protéger les mineurs de 16 ans.

14. — On objecte, dans le système contraire, l'impuissance où sont les juges de modifier les peines. Mais nous ne prétendons pas transporter hors du Code, l'art 67 et les catégories de peines atténuantes qu'il établit en faveur des mineurs de seize ans qui ont agi avec discernement : il ne s'agit point ici de l'excuse qui peut militer en faveur de cette classe de prévenus, il s'agit uniquement de la présomption favorable qui doit planer sur tout prévenu de cet âge, et de l'obligation de renvoyer des poursuites celui qui a commis le fait imputé, mais sans discernement.

Enfin, on oppose l'art 484 du Code pénal qui maintient toutes les lois pénales relatives à des matières sur lesquelles le Code n'a pas statué. Mais le seul but de cet article a été de ne pas mettre obstacle aux poursuites qui sont dirigées en vertu de ces lois particulières et il ne peut en résulter que l'art. 66 qui pose un principe général d'excuse ne puisse étendre son empire sur tous les délits, soit ordinaires soit spéciaux, commis par les mineurs.

15. — Nous croyons donc, en matière de délits spéciaux, comme en toute matière criminelle et correctionnelle et dans toutes les contraventions où l'élément intentionnel est constitutif de la contravention, que c'est un devoir pour le juge de poser et de résoudre la question de discernement en faveur du prévenu de moins de seize ans, avant toute application de la peine.

C'est d'ailleurs en ce sens que juge maintenant la Cour de cassation.

Ainsi en matière de chasse, la Cour décida « que les articles 66 et suivants du Code pénal, renferment des principes généraux et absolus, applicables à tous les faits qualifiés crimes ou délits par la législation pénale : que la loi du 3 mai 1844 ne contient aucune dérogation aux art. 66, 67, 68 et 69. » (Cassat, 3 janvier 1845. 18 juin 1846. 3 février 1849.)

En matière d'eaux et forêts, un pourvoi de l'administration est rejeté : attendu que le principe consacré par l'art 66 du Code pénal est général, absolu, et à défaut de dérogation expresse ou virtuelle, s'étend même aux matières régies par des lois spéciales.

Enfin, en matière de douanes, Ferdinand M...mineur de seize ans, avait été condamné pour infraction aux lois sur les douanes, sans que la question de discernement eût été examinée, et par conséquent résolue contre lui. Sur son pourvoi, l'arrêt fut annulé, « vu l'art. 68 du Code pénal et les art. 41, 42, 44 de la loi du 28 avril 1816, attendu que d'après les principes généraux de notre droit criminel, il ne peut être prononcé de condamnations pénales que contre ceux qui sont légalement punissables, que la disposition de l'art. 66 du Code pénal d'après laquelle les individus âgés de moins de seize ans doivent être acquittés, s'ils ont agi sans discernement, doit comme celle de l'art. 64 du même Code relative à la démence et à la contrainte, être suivie dans toutes les matières, même dans celles qui sont réglées par des lois spéciales, à moins que ces lois ne contiennent à ce sujet quelque dérogation expresse ou tacite... attendu que les tribunaux ne peuvent prononcer de peine qu'autant qu'ils constatent l'existence de toutes les circonstances exigées par la loi pour rendre le fait punissable, d'où il suit qu'à l'égard d'un prévenu âgé de moins de seize ans, ils doivent, avant toute condamnation, examiner et

résoudre la question de discernement : que cependant la
Cour royale a appliqué au demandeur les dispositions pénales des art, 41, 42 et 44 de la loi du 28 avril 1816, sans
déclarer qu'il avait agi sans discernement, en quoi elle a
faussement appliqué les dits articles et violé l'art. 66 du
Code pénal. » (Cassat. 20 mars 1841.)

16. — La Cour de cassation fait cependant une exception,
justifiée d'ailleurs, à sa juriprudence sur ce point et désormais constante.

Elle déclare que les art. 66 et suivants ne sont pas applicables dans le cas où l'amende, encourue à raison du fait
exécuté par le mineur de seize ans, a plutôt le caractère
d'une réparation civile que d'une peine.

Cette exception repose sur un principe incontestable,
c'est que si l'âge et le défaut de discernement constituent
pour le mineur de seize ans une excuse, plus ou moins étendue de la peine encourue, à raison des infractions dont il
s'est rendu coupable, son âge et son défaut de discernement le laissent au contraire, exposé à toutes les conséquences civiles du préjudice qu'il a causé par sa faute ou par
son fait, conformément aux principes des art. 1382 et
1383 du Code Napoléon.

Application de ce principe a été faite par la Cour, en matière de douanes : il a été jugé : « qu'aux termes de l'art.
1382 du Code civil, tout fait quelconque de l'homme qui
cause à autrui un dommage, oblige celui par la faute duquel il est arrivé à le réparer, que les amendes qui doivent
être prononcées pour contravention aux lois sur les douanes
n'ont pas un véritable caractère pénal; qu'elles sont plutôt
la réparation du préjudice causé à l'Etat par les effets de la
fraude. (Cassat. 18 mars 1842.)

Un autre arrêt du 13 mars 1844 rendu toutes Chambres réunies, a confirmé la juriprudence sur ce point.

17. — Mais quelle mesure le juge est-il autorisé à prendre à l'égard du mineur de seize ans, déclaré coupable d'une infraction à une loi spéciale ou d'une contravention de police, mais renvoyé des fins de la plainte pour avoir agi sans discernement ? Ce mineur pourra-t-il être enfermé et détenu dans une colonie pénitentiaire, comme le mineur déclaré coupable d'un crime ou d'un délit du Code pénal et renvoyé de la poursuite pour défaut de discernement ?

18. — A l'égard du mineur de seize ans, reconnu coupable d'un crime ou d'un délit prévu et puni par une loi spéciale, la question ne fait pas doute. L'art. 66 s'appliquera tout entier à ce mineur, et de même, qu'en vertu de l'art 66, la question de discernement aura été posée et résolue en sa faveur, de même le juge, en vertu de ce même art. 66, a la faculté de l'envoyer par jugement dans une maison de correction jusqu'à sa vingtième année accomplie, ou de le remettre, suivant les circonstances, à sa famille.

19. — Il n'y a pas lieu non plus de distinguer, pour l'application de l'art. 66, si l'infraction commise par le mineur de seize ans est punie de l'emprisonnement ou d'une simple amende. L'art. 66 est conçu dans des termes généraux et ne distingue pas entre le délit réprimé par l'emprisonnement et celui qui n'est puni que de l'amende. Il est donc applicable aussi bien au cas où le fait du Code pénal exécuté par le mineur de seize ans, n'emporte que cette dernière peine qu'à celui où le fait emporte emprisonnement. S'il en est ainsi pour le mineur de seize ans auquel on impute une infraction punie par le Code pénal, il n'en peut

être autrement pour celui auquel on reproche un fait réprimé par une loi spéciale.

20, — 2. Mais que décider en matière de contravention de police ? Nous rappelons que suivant la Cour de cassation, « les dispositions de l'art. 66 sont applicables aux simples contraventions comme aux crimes et aux délits. » (Cassat, 10 juin 1842.)

Nous avons critiqué cette jurisprudence et proposé une distinction qui n'oblige à poser la question de discernement que dans le cas où l'élément intentionnel est constitutif de la contravention. Nous pouvons donc nous demander aussi, dans ces cas, si le juge de simple police aura encore la faculté alternative de remettre à ses parents ou d'enfermer dans une maison de correction le mineur de seize ans, reconnu coupable d'une contravention punie de peines de simple police, lorsqu'il le renverra des poursuites pour défaut de discernement et par application de l'art. 66 du Code pénal.

Ici les opinions se divisent.

Les uns pensent que dans ce cas, le juge doit se borner à renvoyer le délinquant des fins de la plainte et qu'il n'a pas le droit de renvoyer le mineur dans une maison de correction. Ils soutiennent que l'esprit, le but, les motifs de l'art. 66 démontrent que le juge des contraventions de police n'a pas ce pouvoir rigoureux. Il leur semble « qu'au simple aspect, les dispositions de l'art. 66 impliquent contradiction avec la nature des contraventions de police, avec l'imputabilité qui s'y attache ; que ce texte, par sa solennité, s'adresse à de jeunes malfaiteurs et non à de jeunes contrevenants. Ils ajoutent que le juge ne peut ordonner de *conduire* dans une maison de correction un jeune délinquant qui jouit de sa liberté. Enfin il leur répugne d'admettre qu'on puisse appliquer, à raison d'une contravention de police, d'une niche d'écolier, cette sévère et durable épreuve. » (Journal du ministère public. Année 1862. P. 104, 105.)

22. — Mais cette opinion ne nous semble pas devoir être adoptée, si jamais la question se présentait dans la pratique.

En effet l'art. 66 nous paraît indivisible dans ses dispositions : la Cour de cassation n'a-t-elle pas dit elle-même, en l'étendant aux contraventions de simple police que le principe qu'il consacrait était général et absolu. Or, si on étend cet article aux contraventions de simple police, — ce que nous avons critiqué pour la généralité des cas, — cette application ne peut être partielle et doit comprendre la faculté conférée aux juges par cet article, d'ordonner la détention dans une maison de correction, du mineur acquitté, comme ayant agi sans discernement.

D'ailleurs, et si on se refère à la distinction par nous proposée quant à l'extension et à l'application de l'art. 66 aux contraventions de simple police, cette application de l'article 66 ne nous choquera pas. En effet, quand appliquons-nous l'art. 66 aux contraventions de simple police ? Dans les seuls cas ou l'intention devient un des éléments de la contravention : ce qui se produit dans les hypothèses suivantes : Art. 475 § 8 du Code pénal. « Sont punis, ceux qui auraient jeté des pierres où d'autres corps durs ou des immondices contre les maisons, édifices et clôtures d'autrui ou dans les jardins ou enclos et ceux aussi qui auraient volontairement jeté des corps durs ou des immondices sur quelqu'un. »

Art. 479, § 1. « Sont punis.. ceux qui hors les cas prévus depuis l'art. 434 jusque et y compris l'art. 462 auront vo-

Querenet.   6

lontairement causé du dommage à la propriété mobilière d'autrui. »

Même article, § 9 « Ceux qui auront méchamment enlevé ou déchiré les affiches apposées par ordre de l'administration. »

Dans ces différents cas, le fait matériel ne suffit pas pour que le contrevenant soit déclaré punissable. Il faut l'intention coupable. Or, en fait, le mineur de seize ans qui aura contrevenu à l'un de ces articles, ne sera que bien rarement poursuivi pour une première contravention. Pour qu'on se décide à le poursuivre devant la juridiction de simple police, il faudra que les faits se soient renouvelés, que les plaintes aient été nombreuses. Et alors, de deux ʳhoses l'une, où il est déclaré coupable, comme ayant agi avec discernement et son âge lui vaudra une atténuation de peine, ou on lui appliquera l'art. 66 et il sera acquitté pour avoir agi sans discernement ; mais en présence des nombreuses causes de mécontentement qu'on a contre lui, en présence de certains instincts mauvais, que l'âge, le mauvais exemple, le défaut de surveillance ne pourront que développer, nous admettons que le juge de simple police pourra envoyer ce mineur de seize ans en correction pendant tel nombre d'années que le jugement déterminera. Cette mise en correction n'est pas une peine, c'est une mesure prise dans l'intérêt même du mineur et qui pourra produire des résultats d'autant meilleurs que le contrevenant n'est pas encore absolument corrompu au jour où il entre à la colonie.

Il est bien sûr que dans la pratique, le juge n'usera de ce droit que lui confère l'art. 66 du Code pénal qu'avec une grande réserve ; car il arriverait souvent que le châtiment ne serait pas proportionné à la faute commise : mais d'après la jurisprudence qui permet au tribunal de prononcer l'envoi en correction pour moins d'une année, pour quelques mois seulement, le juge pourra facilement ne pas se laisser entraîner trop loin. Le plus souvent il usera sans contredit de la seconde alternative qu'offre l'art. 66, il remettra l'enfant à sa famille : mais la contravention peut être assez grave, la famille peut se présenter dans des conditions telles qu'il soit nécessaire de soustraire le mineur à son influence délétère : l'envoi en correction sera le seul moyen à la disposition du juge, nous estimons donc qu'il faut lui laisser la possibilité de l'employer.

22. — Il reste une dernière question fort curieuse sur cet art. 66 et qui peut se formuler ainsi : Le prévenu âgé de moins de seize ans qui, acquitté pour avoir agi sans discernement, doit, aux termes du jugement d'acquittement, être enfermé dans une maison de correction jusqu'a sa vingtième année, est-il admissible à interjeter appel de ce jugement, quoiqu'il n'y puisse réussir sans faire décider qu'il a agi avec discernement et sans subir alors la peine que la loi inflige au délit qui lui était imputé?

La question n'est pas discutée par les auteurs. Elle s'est présentée une fois en pratique devant la cour de Rennes. Voici l'espèce.

Jeanne Dubois, mineure de seize ans, avait été poursuivie pour mise en circulation d'une pièce fausse : un jugement du Tribunal correctionnel de Rennes décida qu'elle avait agi sans discernement : en conséquence elle fut acquittée, mais aux termes de l'art. 66, envoyée par le jugement en correction jusqu'à vingt ans.

Elle interjeta appel de ce jugement, et la Cour statua en ces termes :

« La Cour; — considérant que chacun dans une cause

telle que celle qui se présente, est le premier juge de son propre intérêt, que Jeanne Dubois avait donc eu droit de relever appel du jugement, qui en l'acquittant faute de discernement, a ordonné qu'elle sera conduite dans une maison de correction pour y être élevée et détenue jusqu'à l'âge de vingt ans, et de demander qu'il soit fait un nouvel examen des faits de la cause : que si elle est l'auteur du fait qui lui est imputé, il soit dit qu'elle a agi avec discernement, préférant être soumise à la peine pécuniaire qu'elle a encourue, à être conduite dans une maison de correction, ainsi que les premiers juges l'ont ordonné. — Considérant d'ailleurs que si dans cet état la Cour reconnaît l'existence du discernement et par suite la culpabilité de la prévenue, elle doit nécessairement lui faire application de la peine édictée par la loi. — Considérant en fait qu'il est constant que la prévenue a fait usage d'une pièce de cinq francs fausse qu'elle avait reçue comme bonne, en la remettant en circulation après en avoir vérifié les vices ; qu'il est certain et démontré que cette fille qui est âgée de moins de seize ans, a agi avec plein et entier discernement, d'où il résulte que c'est à tort qu'il lui a été fait application de l'article 66 du Code pénal, tandis qu'il devait lui être fait application des art. 155 et 69 du même code. Par ces motifs, casse. (Rennes 21 mai 1844).

Nous ne croyons pas cette doctrine admissible. Nous nous étonnons d'abord de la recevabilité de cet appel. On appelle d'une peine prononcée pour arriver à une diminution de peine : mais quand donc a-t-on admis l'appel d'un prévenu contre un jugement qui l'acquitte ? Le tribunal acquitte Jeanne Dubois : et elle fait appel de ce jugement et la cour de Rennes ne songe pas même que l'appel peut n'être pas recevable ! Le ministère public eût pu former appel *a minima* pour faire déclarer par la cour, contrairement |au jugement du tribunal correctionnel que Jeanne Dubois avait agi avec discernement, mais lui seul avait qualité pour le faire.

Mais admettons que la Cour ait pu statuer valablement sur l'appel, et examinons sa décision.

Cette décision est inattaquable quand elle déclare qu'en fait, Jeanne Dubois a agi avec discernement, et qu'elle casse le jugement du tribunal correctionnel de Rennes, pour fausse application de l'article 66 du Code pénal et applique à la prévenue les articles 135 et 69 du même Code.

Mais où la Cour nous semble s'écarter des vrais principes, c'est dans la première partie de l'arrêt qui statue en principe.

« Considérant que chacun est le premier juge de son propre intérêt,.. que Jeanne Dubois, avait donc eu le droit de relever appel du jugement qui, en l'acquittant faute de discernement, a ordonné qu'elle sera conduite dans une maison de correction...... que si elle est l'auteur du fait qui lui est imputé, il soit dit qu'elle a agi avec discernement, préférant être soumise à la peine pécuniaire qu'elle a encourue, à être conduite dans une maison de correction....., etc. » Sur tous ces points, la Cour nous semble avoir oublié les vrais principes du droit. Peut-il être admis qu'un prévenu acquitté vienne se plaindre de son acquittement et puisse solliciter d'une juridiction supérieure le remplacement d'une simple mesure de correction par une véritable pénalité ? Si l'envoi en correction était une peine, au sens légal du mot, la recevabilité de l'appel ne ferait pour nous aucun doute : mais la Cour de Cassation a déclaré souvent qu'il n'y avait là qu'une simple mesure d'éducation, un supplément à la correction domestique ; et cinq années de correction ne peuvent se comparer, fut-ce même à une condamnation, à quinze francs d'amende.

Est-ce que vous considérerez le mineur âgé de moins de seize ans envoyé en correction et qui plus tard commet un nouveau délit comme récidiviste? Non, sans aucun doute : et cependant c'est à ce résultat qu'il faudrait arriver, si l'on examine l'arrêt de la Cour de Rennes dans ses conséquences. Il n'y a pas d'appel possible, en cas d'acquittement, et c'est notre cas, si ce n'est un appel à *minima* de la part du ministère public.

Et nous n'en voulons pour preuve que le passage suivant de la Circulaire du ministre de la Justice, du 6 avril 1842, adressée aux Procureurs-généraux pour les guider dans l'application des dispositions législatives concernant les mineurs de seize ans et reconnus avoir agi sans discernement. « Il ne faut pas perdre de vue que ces jeunes détenus out été acquittés, que ce n'est pas une peine qu'ils subissent, et que l'art. 66 en autorisant leur détention, a formellement exprimé que ce serait pour être élevés, c'est-à-dire pour recevoir les soins et l'instruction propres, non seulement à corriger leurs mauvaises habitudes, mais encore à leur fournir les moyens de pourvoir plus tard, par le travail à leurs besoins. En un mot, cette détention ne doit être considérée que comme un supplément à la correction domestique ou bien comme une mesure de discipline, ainsi que la Cour de cassation l'a décidé, le 16 août 1822 et le 17 avril 1824.

Cette détention étant une mesure de discipline et non une peine, cette mesure ne doit pas être maintenue quand les circonstances qui l'ont rendue nécessaire, disparaissent.

Si donc pendant le cours de la détention, les parents demandent que les enfants leurs soient rendus, il appartient au ministre de la Justice de statuer sur la demande des parents, et la mise en liberté provisoire peut être ordonnée par lui sur les renseignements fournis par les membres du parquet. » Il est donc bien impossible de considérer l'envoi en correction, autorisé par l'article 66 du Code pénal comme une peine ; la conséquence en est que l'individu qui a été acquitté et envoyé en correction en vertu de cet article n'a pas de casier judiciaire, quelque longue que soit la détention, tandis que la moindre amende correctionnelle sera considérée comme une peine et sera inscrite au casier. On ne peut donc admettre un individu à interjeter appel d'un jugement qui ne prononce aucune peine contre lui.

Remarquons, en terminant, que les commissions administratives des hospices d'enfants trouvés, ou d'enfants abandonnés doivent-être assimilées aux parents dans le sens et pour l'application de l'article 8. Ainsi donc, le tribunal qui acquitte un de ces enfants pour avoir agi sans discernement, peut rendre l'enfant à la Commission administrative de l'hospice, si celle-ci prouve qu'elle a fait les diligences nécessaires pour assurer une bonne éducation à l'enfant jusqu'à sa majorité.

§ 2. — DES MINEURS QUI ONT AGI AVEC DISCERNEMENT.

23. — Ceux-là ne bénéficient que de l'excuse résultant de leur âge et qui amène une atténuation de peine. Leur culpabilité est proclamée : ils sont condamnés, mais leur jeune âge motive un adoucissement dans la condamnation. Les textes relatifs à cette seconde situation sont les articles 67 et 69 du Code pénal.

Art. 67. — S'il est décidé qu'il a agi avec discernement, les peines seront prononcées, ainsi qu'il suit :

S'il a encouru la peine de mort, des travaux forcés à perpétuité, de la déportation, il sera condamné à la peine de dix à vingt ans d'emprisonnement dans une maison de correction.

S'il a encouru la peine des travaux forcés à temps, de la détention ou de la réclusion, il sera condamné à être renfermé dans une maison de correction, pour un temps égal au tiers au moins et à la moitié au plus de celui pour lequel il aurait pu être condamné à l'une de ces peines.

Dans tous les cas, il pourra être mis, par l'arrêt ou le jugement, sous la surveillance de la haute police pendant cinq ans au moins et dix ans au plus.

S'il a encouru la peine de la dégradation civique ou du bannissement, il sera condamné à être enfermé d'un an à cinq ans dans une maison de correction.

Art. 69. — Dans tous les cas où le mineur de seize ans, n'aura commis qu'un simple délit, la peine qui sera prononcée contre lui ne pourra s'élever audessus de la moitié de celle à laquelle il aurait pu être condamné s'il avait eu seize ans.

Nous allons examiner successivement les diverses situations dans lesquelles le mineur de seize ans peut se trouver et les difficultés qui peuvent se présenter par suite de l'application de l'art. 463 du Code pénal, relatif aux circonstances atténuantes.

24. — *Premier cas.* — Le mineur de moins de seize ans a encouru la peine de mort, des travaux forcés à perpétuité ou de la déportation : il sera alors condamné à la peine de dix à vingt années d'emprisonnement dans une maison de correction. Les peines afflictives perpétuelles sont donc

remplacées par un emprisonnement correctionnel qui ne peut dépasser vingt ans.

25. *Deuxième cas.* — Le mineur de moins de seize ans, a encouru la peine des travaux forcés à temps, de la détention, de la réclusion : il sera condamné à être enfermé dans une maison de correction pour un temps égal au tiers au moins et à la moitié au plus de celui pour lequel il aurait pu être condamné à l'une de ces peines.

Sur cette disposition de l'art. 67, il s'est élevé dans la pratique une difficulté. On a soutenu jusque devant la Cour de cassation qu'en remplaçant la peine des travaux forcés à temps, de la détention et de la réclusion par un emprisonnement correctionnel pour un temps égal au tiers au moins et à la moitié au plus de celui pour lequel le mineur de seize ans aurait pu être condamné à l'une de ces peines, cet article avait entendu que ce tiers et cette moitié se calculeraient uniformément sur le maximum de la peine encourue. Il serait résulté de cette opinion, dans le cas où cette peine aurait été celle des travaux forcés à temps ou de la détention, que le minimum de la peine infligée au mineur de seize ans aurait été supérieur à celui de la peine que la loi refuse de lui appliquer, puisque le minimum des travaux forcés à temps et de la détention, est le quart de leur plus longue durée et que le minimum de la peine appliquée au mineur aurait été le tiers de ce maximum, c'est à dire six ans et huit mois au lieu de cinq ans. La Cour de cassation a rejeté les pourvois qui avaient soulevé cette prétention, « attendu que l'art. 67 du Code pénal en déterminant la peine à infliger aux mineurs de seize ans, qui auraient commis avec discernement des crimes emportant les travaux forcés à temps ou la réclusion, a modifié ces deux peines non seulement quant à la gravité de leur nature, en les remplaçant par la détention correctionnellle, mais aussi quant à leur durée, en restreignant celle-ci à la limite du tiers à la moitié ; considérant que d'après les art. 19 et 21 du même Code, la durée soit des travaux forcés à temps, soit de la réclusion, pouvant n'être que de cinq ans, il s'en suit par une conséquence nécessaire des dispositions dudit art. 67 que la duré de la détention correctionnelle d'un mineur de seize ans peut n'être que du tiers de cinq ans, c'est à dire de vingt mois : qu'il est absurde de prétendre que le minimum de cette durée ne peut en aucun cas, être inférieur au tiers de la plus longue durée des peines temporaires respectivement attachées aux crimes, puis qu'il s'ensuivrait que lorsqu'il s'agirait d'un crime emportant les travaux forcés à temps (dont la durée est de cinq à vingt ans) la détention correctionnelle ne pourrait être moindre de six ans et huit mois (tiers de vingt ans) ; et qu'ainsi le mineur de seize ans serait, quant à la durée de la peine, plus rigoureusement traité que ne pourrait l'être un individu au dessus dudit âge ; etc... Par ces motifs, casse. » (Cassat., 18 janvier 1825, 11 février 1825.)

26. — Dans ces deux cas, le mineur de seize ans *peut* être mis (c'est une faculté laissée aux juges) par l'arrêt ou le jugement sous la surveillance de la haute police, pendant cinq ans au moins et dix ans au plus.

C'était là une dérogation à l'art. 46 du Code pénal qui portait que le coupable condamné aux travaux forcés à temps, à la réclusion et à la détention seraient de plein droit, après qu'ils auraient subi leur peine et pendant toute leur vie sous la surveillance de la haute police.

Cet art. 46 a été modifié par la loi du 23 janvier 1874, qui a disposé qu'en aucun cas la durée de la surveillance ne pourrait excéder vingt années et qui a autorisé les Cours

d'assises et les tribunaux à réduire la durée de la surveillance, (Art. 46 du Code pénal) et même à déclarer que les
condamnés n'y seraient pas soumis.

Il faut donc combiner l'art. 67 avec les nouveaux art. 46,
47 et 48 (Loi du 23 janvier 1874) et dire que malgré les termes de l'art. 67, le jugement ou l'arrêt pourra ne soumettre le mineur de seize ans condamné qu'à une surveillance
moindre de cinq ans et même le dispenser de toute surveillance. La loi pénale ne peut être plus rigoureuse à l'égard
des mineurs de seize ans que des criminels ordinaires.

27. — *Troisième cas.* — Le mineur de seize ans a encouru la peine du bannissement ou de la dégradation civique ; il sera alors condamné à être enfermé dans une maison de correction d'un an à cinq ans. Remarquons que ce
sont là des hypothèees purement théoriques. Les infractions punies de ces deux peines ne sont pas de celles dont
le mineur de seize ans puisse se rendre facilement coupable.

28. — *Quatrième cas.* — Le mineur de seize ans a encouru une peine correctionnelle : les tribunaux lui appliquent
la peine édictée par la loi en la réduisant au-dessous de la
moitié.

Il a été reconnu par la juriprudence qu'il est contraire
au vœu de l'art. 69 d'appliquer au condamné pour délit correctionnel, qui a agi avec discernement la *moitié* de la peine
qu'il aurait subie s'il avait eu seize ans accomplis. Il est
nécessaire que la peine appliquée soit au-dessous de la
moitié de celle qu'il aurait dû subir s'il avait eu cet âge.
Cette solution n'est que l'application textuelle de la loi.
(Arrêt de Bordeaux : 26 août 1830. Journal du Dr Crim.
1830, P. 359.)

29. — La loi fixe donc un maximum que le juge ne peut dépasser : mais quel minimum de peine sera dans ce cas applicable au mineur?

Sera-ce celui auquel il aurait pu être condamné, s'il avait eu seize ans ? ou ce minimum pourra-t-il s'abaisser jusqu'à la dernière limite des peines correctionnelles? Au trement dit, l'emprisonnement pourra-t-il être réduit à six jours de prison et à seize francs d'amende?

Sous l'art. 69 primitif, la question ne pouvait faire doute : car cet article donnait au juge la faculté d'appliquer telle peine correctionnelle qu'il jugeait convenable, et par conséquent lui permettait de descendre jusqu'au minimum des peines correctionnelles. Mais le nouvel art. 69, révisé en 1832, n'est plus aussi formel. Il ne s'explique que sur le maximum de la peine : on pourrait croire d'après cela, qu'en gardant le silence sur le minimum, il a entendu laisser au minimum ses proportions ordinaires. Mais il est bien difficile d'admettre que la loi de 1832 ait eu un caractère plus rigoureux que le Code de 1810, surtout en matière de minorité de seize ans. Aussi de ce que le nouvel article 69 est muet sur le maximum, nous conclurons que le juge peut encore aujourd'hui à l'égard du mineur de seize ans, et par des raison d'humanité, pour proportionner la peine au délit, faire descendre la peine au minimum des peines correctionnelles.

C'est ce qui a été admis par la Cour de cassation, dans plusieurs arrêts. « Attendu, dit un arrêt du 3 février 1849, que l'art. 69 n'a établi pour le cas où il y a lieu à condamnation qu'un maximum au-dessus duquel ne peut être élevée la peine, sans déterminer la limite de sa réduction : que cette réduction, dès lors, est abandonnée à une appréciation discrétionnaire qui la mesure sur le caractère particulier qu'impriment à la prévention admise contre le mineur, soit

les différentes phases de cette minorité, soit les autres circonstances propres à modifier la moralité du fait reconnu
punissable, attendu que les changements introduits en 1832
dans ledit article n'ont eu d'autre but et d'autre portée,
que de subordonner l'exercice du pouvoir d'atténuation
qu'il confère au juge, non plus à la nature de la peine, mais
au titre de la prévention ; de telle sorte qu'un fait qualifié
crime, déclaré à la charge du mineur, sans avoir perdu
cette qualification et qui, en vertu d'une faveur de la loi,
ne pouvait être atteint que de peines correctionnelles, ne
comportat pas en outre, l'application d'une autre immunité légale que le législateur de 1832 jugeait devoir être exclusivement réservée aux faits qualifiés délits : » La même
doctrine est consacrée dans un arrêt du 11 janvier 1856 ou
il est dit : « qu'au point de vue du minimum à appliquer
une plus grande latitude est laissée aux juges pour combiner la faiblesse de l'âge avec la nature du délit, apprécier
le degré de culpabilité suivant l'étendue du discernement,
et y proportionner la modération de la peine, quelque soit
le délit. »

Mais l'art. 69 n'autorise pas le juge correctionnel à abaisser le minimum de la peine encourue aux proportions des
peines de simple police. Pour que cela soit possible, il faut,
comme nous le verrons tout à l'heure, qu'à l'excuse d'âge
vienne se joindre une déclaration de circonstances atténuantes; il faut, en un mot, qu'il y ait lieu de combiner
l'art. 69 avec l'art. 463 du Code pénal; c'est ce que décide
un arrêt de la Cour de Colmar du 5 mai 1857. Notons toutefois qu'un arrêt de la Cour d'Orléans du 19 octobre 1864,
est venu statuer en sens contraire.

30. — *Cinquième cas.* — Le mineur de seize ans a encouru
une peine de simple police, le juge lui applique la peine

édictée par la loi sans la réduire ; la loi n'a pas fait ici de
distinction, à raison même du peu de gravité de la peine
encourue; mais dans ce cas, le juge fera une large application de l'art. 483 du Code pénal, qui étend aux contraventions l'art. 463, relatif aux circonstances atténuantes, et
pourra ne prononcer que le minimum de l'amende.

31. — Telle est l'économie générale des deux art. 67 et
69 du Code pénal; mais la question se complique dans
certains des cas prévus, si le jury ou le tribunal accorde
au mineur de seize ans le bénéfice des circonstances atténuantes.

Posons d'abord une règle générale.

Lorsque les deux faits de la minorité de seize ans et des
circonstances atténuantes concourent en faveur du même
accusé, il doit être tenu compte de chacun de ces éléments
dans l'application de la peine. A cet effet, la Cour d'assises
ou le tribunal doit déterminer d'abord :

1° La peine, telle qu'elle serait encourue par la nature du
crime ou du délit, si l'individu était majeur de seize ans;

2° La Cour doit ensuite fixer, par application de l'art. 463,
le degré d'atténuation de la peine, c'est-à-dire, la peine
applicable au fait, toujours comme s'il s'agissait d'un majeur ;

3° Enfin, modifier cette peine conformément à l'art. 67,
en vue de la minorité de l'accusé.

Cette manière de procéder, qui s'accorde avec les
règles relatives à l'application de l'art. 463, soit que
l'on considère ses conséquences, soit que l'on considère
l'esprit de la loi, s'appuie d'ailleurs sur le texte même de
l'art. 67, lequel pose pour base de l'atténuation de peine
dérivant de la minorité de l'accusé qui agit avec discerne-

ment, la détermination préalable de la peine encourue par lui indépendamment de la qualité de mineur.

Reprenons maintenant les cas spéciaux.

32. — *Premier cas.* — Le crime commis par le mineur de seize ans emporte la peine de mort.

1° Dans ce cas, le mineur peut n'être condamné qu'à vingt mois d'emprisonnement. En effet, aux termes de l'art. 463, en cas d'admission des circonstances atténuantes, la peine de mort est remplacée soit par les peines des travaux forcés à perpétuité ou de la déportation, soit par celle des travaux forcés à temps ou de la détention.

Les peines à appliquer au mineur de seize ans peuvent donc n'être plus, dans ce cas, que les travaux forcés à temps ou la détention : le minimum de ces deux peines est cinq ans.

Or, le mineur de seize ans qui encourt la peine des travaux forcés à temps ou de la détention, pouvant d'après l'art. 67 n'être condamné qu'à un emprisonnement du tiers du minimum de ces deux peines, il en résulte donc qu'il peut n'être enfermé que pour vingt mois, puisque vingt mois sont le tiers de cinq ans.

33. — 2° Le mineur peut être condamné à dix ans d'emprisonnement. L'art. 67 porte, en effet, qu'il peut être condamné à la moitié du maximum de la peine encourue. Or, la durée maxima des travaux forcés à temps étant de vingt ans, dix étant la moitié de vingt, il peut être condamné à dix ans d'emprisonnement.

La jurisprudence de la Cour de cassation est conforme. Tranquille S..., déclaré coupable de l'incendie volontaire d'une maison habitée, avait été condamné à dix ans d'emprisonnement. Il se pourvut contre cette décision, sous prétexte qu'elle n'avait pas tenu un compte suffisant des circonstances atténuantes admises en sa faveur. Son pourvoi fut rejeté, « en ce qui touche le moyen tiré de ce que la Cour d'assises aurait violé les dispositions des art. 463 et 67 du Code pénal, en ne faisant pas profiter le demandeur, âgé de moins de seize ans, et en faveur duquel le jury avait déclaré l'existence de circonstances atténuantes, du bénéfice de la double atténuation de peine qui lui était acquis aux termes des articles précités ; attendu qu'à la suite de la déclaration de culpabilité sur l'accusation du crime d'incendie volontaire d'un bâtiment dépendant d'une maison habitée, le jury a reconnu que le demandeur, âgé de moins de seize ans, avait agi avec discernement, et de plus a reconnu qu'il existait en sa faveur des circonstances atténuantes ; attendu que si la Cour d'assises devait tenir compte de chacune de ces circonstances pour l'application de la peine, ce ne pouvait être qu'en prenant pour point de départ les réponses du jury, et que c'est seulement après avoir fixé, eu égard à tous les éléments de ces réponses, la peine légalement applicable, qu'elle devait la modifier encore conformément aux dispositions de l'art. 67 du Code pénal et en vue de la minorité de l'accusé ; que cette manière de procéder qui s'accorde avec les règles relatives à l'application de l'art. 463 du Code pénal, s'appuie d'ailleurs sur le texte même de l'art. 67, lequel, en effet, pose pour base de l'atténuation de peine, dérivant de la minorité de l'accusé qui a agi avec discernement, la détermination préalable de la peine encourue par lui, indépendamment de la qualité de mineur ; attendu que la Cour d'assises en prononçant contre le demandeur la peine de dix ans d'emprisonnement, s'est conformée à ces principes ; qu'en effet le crime dont le demandeur était coupable, entraînait la peine de mort, et que cette peine, à raison des circonstances atténuantes, pouvant être facultativement **réduite par la** Cour d'assises à celle des travaux forcés à temps, il en résulte que cette Cour, en prononçant contre le **demandeur la** peine de dix ans d'emprisonnement, s'est tenue dans les limites de la pénalité prévue par les art. 463 et 67 du Code pénal, et loin de violer ces articles en a fait, au contraire, une juste et exacte application. (Cassat., 24 mars 1853 ; — 26 février 1841.)

33. — Mais une question s'est posée :

La durée de l'emprisonnement ne peut-elle pas dans ce cas être prolongée par le juge au delà de dix années ? Nous le croyons, malgré l'avis contraire de M. Blanche.

En effet la Cour, dans le cas où des circonstances atténuantes sont accordées, peut baisser la peine de deux degrés, mais ce n'est qu'une faculté, elle peut ne la baisser que d'un seul degré, et alors, vis-à-vis du mineur de seize ans, ce n'est plus le secundo de l'art. 67 qui est applicable, mais bien le primo. Le mineur est considéré comme ayant encouru les travaux forcés à perpétuité et non plus les travaux forcés à temps ; et dans ce cas, la durée de l'emprisonnement peut être portée jusqu'à vingt ans, d'après les termes de l'art. 67 ; car il est bien évident qu'en cas de condamnation aux travaux forcés à perpétuité, on ne peut établir la plus longue durée de la peine, en prenant une fraction quelconque de la peine, puisque nous sommes en présence d'une peine indéterminée.

Il s'ensuit que le mineur de seize ans qui a encouru la peine de mort, en faveur duquel des circonstances atténuantes ont été admises, mais à l'égard de qui la Cour n'a baissé la peine que d'un degré, peut être condamné à un emprisonnement de dix à vingt ans, puisque d'après l'art. 67 cet emprisonnement est, pour le mineur de seize ans,

Querenet   7 l'équivalent des travaux forcés à perpétuité ou de la déportation.

La Cour de cassation a consacré cette opinion dans l'espèce suivante.

Antoine Chrétien, mineur de seize ans, déclaré coupable, avec admission de circonstances atténuantes, de trois crimes d'incendie volontaire de maisons habitées, avait été condamné à douze années d'emprisonnement. Il se pourvut en cassation et soutint que la Cour avait fait une fausse application de la peine, en ne le faisant pas bénéficier de toute l'atténuation de peine résultant pour lui de l'admission des circonstances atténuantes et de sa minorité de seize ans. Son pourvoi fut rejeté « attendu qu'en déclarant le demandeur, qui avait moins de seize ans, coupable du crime d'incendie volontaire de maisons habitées, mais avec des circonstances atténuantes, le jury a aussi déclaré que cet individu avait agi avec discernement; attendu qu'en conséquence de cette déclaration, le demandeur a été condamné par l'arrêt attaqué à la peine de douze ans d'emprisonnement dans une maison de correction, par application des art. 434, 463 et 67 combinés du Code pénal; attendu que, suivant l'art. 434 du Code pénal, le demandeur avait encouru la peine de mort, mais que, vu la déclaration de l'existence de circonstances atténuantes faite en sa faveur par le jury, cette peine pouvait être abaissée de deux degrés, c'est-à-dire à celle des travaux forcés à temps, mais que la Cour d'assises avait la faculté de ne l'abaisser que d'un degré, c'est-à-dire, de la réduire seulement à celle des travaux forcés à perpétuité, ainsi qu'elle l'a fait, en déclarant que, dans les circonstances du procès, le demandeur devait être condamné aux travaux forcés à perpétuité, si ce n'était qu'ayant moins de seize ans, il y avait lieu de modifier encore la peine à son égard d'après les dispositions de l'art. 67 du Code pénal, portant que, si le mineur a encouru la peine des travaux forcés à perpétuité, il sera condamné à la peine de dix à vingt ans d'emprisonnement dans une maison de correction, que par conséquent l'arrêt attaqué, en prononçant contre le demandeur la peine de douze années d'emprisonnement dans une maison de correction, n'a pas excédé les limites tracées par l'art. 67 du Code pénal et a, au contraire, fait une juste application des dispositions dudit article, combinées avec celles des art. 434 et 463 dudit Code. » (Cass. 9 juillet 1841.)

34. — 3° Le crime commis par le mineur de seize ans emportait les travaux forcés à perpétuité ou la déportation, Ici le résultat est le même que dans le primo combiné avec l'art. 463 ; l'art. 67 du Code pénal permet d'abaisser la peine jusqu'à vingt mois d'emprisonnement. En effet, si la Cour abaisse la peine d'un degré, les peines à appliquer sont les travaux forcés à temps, dont le minimum est cinq ans.

Si la Cour abaisse de deux degrés, on descend à la réclusion dont le minimum est encore de cinq ans; or le tiers de cinq ans est de vingt mois.

De même dans l'ordre politique, l'admission des circonstances atténuantes change la déportation, peine perpétuelle, en détention ou en bannissement; or le maximum de ces deux peines est encore cinq années, dont le tiers sera vingt mois.

35. — *Deuxième cas.* — Le crime commis par le mineur emporte les travaux forcés à temps ou la détention ou la réclusion.

1° Le crime emporte les travaux forcés à temps : dans ce cas, le mineur peut être condamné à un emprisonnement de cinq ans à huit mois. En effet, l'admission des circonstances atténuantes permet aux juges de prononcer la réclusion dont le maximum est dix ans; le mineur peut être condamné à la moitié de ce maximum, soit cinq ans, et, en abaissant la peine de deux degrés, le mineur peut être condamné à un emprisonnement correctionnel qui ne peut être moindre de deux ans; or le tiers de ce minimum est huit mois.

C'est ce qu'a reconnu la Cour de cassation, dans un arrêt du 6 juin 1840.

Augustin D... avait été condamné à deux années d'emprisonnement pour vol commis la nuit avec escalade dans une maison habitée, avec circonstances atténuantes. Il se pourvut, prétendant que la peine était trop forte. Son pourvoi fut rejeté « attendu que, d'après l'art. 67 du Code pénal, le mineur qui a encouru la peine des travaux forcés à temps doit être renfermé dans une maison de correction, pour un temps égal au tiers, au moins, et à la moitié au plus, de celui pour lequel il aurait pu être condamné à cette peine; qu'ainsi la base de la réduction n'est pas uniquement le minimum, mais facultativement la totalité de la durée possible de la peine encourue, et que, s'il n'est point exact de dire qu'on doit s'arrêter nécessairement au maximum, il ne l'est pas davantage de dire qu'on doit descendre nécessairement au minimum de la durée; que le demandeur, au profit duquel des circonstances atténuantes avaient été déclarées, n'aurait été passible, en le supposant âgé de plus de seize ans, que de la peine de la réclusion, ou de celle prononcée par l'art. 401; mais que la durée de celle-ci pouvant être de cinq ans, et la durée de celle-là de dix ans, le demandeur aurait pu être condamné aussi bien à un emprisonnement de cinq ans qu'à un emprisonnement de deux ans et six mois, suivant que la Cour d'assises aurait jugé convenable d'abaisser la peine d'un ou deux degrés ; qu'il en résulte, la durée de l'emprisonnement auquel il est condamné étant limitée à deux ans, qu'il a joui de la double atténuation introduite par les art. 67 et 463, bien loin que les dispositions aient été violées à son détriment. » (6 juin 1840. Cassat.)

36. — *Troisième cas.* — 2° Le crime commis par le mineur de seize ans emporte la détention, la réclusion, le bannissement ou la dégradation civique.

Dans tous ces cas, l'emprisonnement qu'il peut subir est de deux ans et demi à quatre mois, le maximum de l'emprisonnement qu'il encourt par l'admission des circonstances atténuantes étant de cinq ans et le minimum une année.

Voici, en effet, ce que porte l'art. 463 : « Si la peine est celle de la réclusion, de la détention, du bannissement ou de la dégradation civique, la Cour appliquera les dispositions de l'art. 401, sans toutefois pouvoir réduire la durée de l'emprisonnement au-dessous d'un an. »

L'emprisonnement correctionnel pendant cinq ans forme donc le premier degré d'atténuation. Le mineur de seize ans, pouvant être condamné à la moitié du maximum, peut être condamné à deux ans et demi.

Le minimum de l'emprisonnement correctionnel, sans que cet emprisonnement puisse être inférieur à un an, forme le second degré d'atténuation, et le mineur, pouvant n'être condamné qu'au tiers de ce minimum, peut n'être condamné qu'à quatre mois d'emprisonnement dans une maison de correction.

Ainsi jugé par la Cour de cassation dans un arrêt du 19 septembre 1839, où il est dit « que dans la circonstance, il y avait lieu pour appliquer la peine encourue, de com-

biner ensemble les dispositions des art.67 à raison de l'âge
au-dessus de seize ans et de ce que l'accusé a été déclaré
avoir agi avec discernement, 463, à raison des circonstances atténuantes déclarées en sa faveur par le jury ; et
enfin 401, à raison de ce que, par l'effet du sixième alinéa
de l'art. 463 du Code pénal, la peine à appliquer au sieur
M... était celle édictée par l'art. 401, dans les proportions
établies par le troisième alinéa de l'art. 67 dudit Code. »
(Cassat., 19 septembre 1839.)

37. — *Quatrième cas.* — Le mineur de seize ans a commis un délit puni de peines correctionnelles.

Dans ce cas l'art. 69 est applicable. Le mineur de seize
ans ne pourra être condamné qu'à la moitié du maximum
qu'il eût encouru s'il eût été majeur. Mais nous avons vu
précédemment qu'avec l'art. 69, tel qu'il a été rédigé lors
de la révision générale du Code pénal en 1832, le juge, par
la seule application de l'art. 69 qui indique bien un maximum, mais n'indique pas de minimum, pouvait faire
descendre la peine jusqu'au minimum des peines correctionnelles.

Si nous le combinons maintenant avec l'art. 463, dont le
dernier paragraphe a été remanié par un décret du 27 novembre 1870, substitué lui-même à la loi du 13 mai-
1er juin 1863, nous arrivons à dire que par l'effet des circonstances atténuantes, jointes à l'excuse d'âge, le mineur
de seize ans peut n'être condamné qu'à une peine de simple police, et même au minimum de la peine, c'est-à-dire
à une simple amende qui ne peut être moindre d'un
franc.

38. — *Cinquième cas.* — Le mineur de seize ans s'est
rendu coupable d'une contravention de simple police.

Dans ce cas, l'âge ne produit aucun effet particulier, et une déclaration de circonstances atténuantes, autorisée par l'art. 483 du Code pénal, suffit pour que le mineur ne puisse être condamné qu'au minimum de toute peine, c'est-à-dire à une amende qui ne puisse être moindre d'un franc.

Nous avons terminé les diverses combinaisons qui peuvent se présenter des art. 67 et 69 avec l'art. 463 du Code pénal.

39. — Sur ces articles 66, 67 et 69 du Code pénal, nous pouvons terminer en énonçant un principe général : c'est que ces articles s'appliquent dans tous les cas, et devant toutes les juridictions, sauf exception formelle contenue dans un texte. C'est ainsi qu'un arrêt du 7 avril 1865 a décidé que ces articles s'appliquaient devant les tribunaux maritimes. De même l'art. 199 du Code du 9 juin 1857, relatif aux armées de terre, et l'art 257 du Code du 4 juin 1858 relatif aux armées de mer, décide que les art. 66, 67 et 69 du Code pénal de 1810 seront applicables pour tous crimes et délits dont les juridictions exceptionnelles maritimes ou militaires peuvent connaître.

§ 3. — DES CONDAMNATIONS PÉCUNIAIRES QUI PEUVENT FRAPPER LE MINEUR DE SEIZE ANS.

1° *De l'art. 365 du Code d'instruction criminelle et de l'art. 323 du Code pénal par rapport au mineur de seize ans.*

Avant d'examiner ce qui a trait aux frais de l'instance et aux dommages-intérêts envers la partie civile, signalons deux questions qui peuvent s'élever à propos de l'art. 67.

40. — 1° Par l'application de l'art. 365 du Code d'instruction criminelle sur le cumul des peines, combiné avec l'art. 67 du Code pénal, il a été jugé que l'individu âgé de moins de seize ans, condamné à l'emprisonnement, et qui, par application de l'art. 67, a été de nouveau poursuivi pour des faits de même gravité, antérieurs à cette première condamnation, ne peut être frappé d'une seconde peine d'emprisonnement, qui, réunie à la première, dépasserait le maximum de la peine encourue. Ces deux condamnations doivent être renfermées dans les limites de ce maximum, c'est-à-dire la moitié de la peine la plus forte qui eût été prononcée si l'accusé n'eût pas été mineur de seize ans. (Cassat., 5 mars 1852.)

41. — 2° On peut se demander également si l'art. 67 doit être appliqué au parricide. La question est fort discutée.

Pour la négative, on invoque l'art. 323 qui porte que le parricide n'est jamais excusable ; mais il faut bien remarquer que cet art. 323 ne se réfère qu'aux articles 321 et 322, qui n'ont trait qu'à la provocation et à la légitime défense, circonstances particulières et non pas circonstance générale, comme est la minorité de seize ans.

Cette excuse de l'âge est une loi générale fondée sur la nature des choses et qui domine toute législation, une loi à laquelle nulle exception ne peut être faite, parce que la raison qui l'a fait établir s'applique à tous les cas, à toutes les incriminations, et ne comporte aucune exception. Ces motifs nous amènent donc à dire que le mineur de seize ans, accusé de parricide, malgré les termes généraux de l'art. 323 du Code pénal, doit bénéficier, à raison de son âge, de l'atténuation de peine, portée en l'art. 67 du même Code.

2° *De la condamnation aux dommages-intérêts*
envers la partie civile.

42. — Il peut arriver que le mineur de seize ans, acquitté
en vertu de l'art. 66 pour avoir agi sans discernement ou
condamné en vertu des art. 67 et 69, soit condamné à des
dommages et intérêts envers la partie civile. Cette condamnation est motivée sur ce que l'âge et le défaut de discernement laissent le mineur de seize ans exposé à toutes les
conséquences civiles du préjudice qu'il a causé par sa
faute ou par son fait, conformément au principe des
art. 1382 et 1383 du Code Napoléon.

43. — Remarquons que dans la pratique cette condamnation pécuniaire n'exige pas, pour être prononcée, la
présence du tuteur; en matière criminelle, dit-on, le mineur peut procéder, comme s'il était majeur. Et la pratique semble confirmer cet usage.

C'est ainsi que la Cour de cassation a déclaré « qu'il
résulte des dispositions du Code d'instruction criminelle,
et notamment des art. 145, 147, 159 et 162, 182 et 192,
358, 359 et 366; que la loi ne fait aucune distinction, soit
quant aux formes de la poursuite, soit quant aux pouvoirs
des juges, entre l'accusé ou prévenu majeur et l'accusé ou
prévenu mineur; qu'aucune disposition de ce Code n'impose au ministère public, dans l'exercice de l'action publique, ou à la partie civile, dans l'exercice de l'action civile
suivie devant les tribunaux de répression, accessoirement
à la première, l'obligation d'appeler en cause le tuteur ou
curateur de l'accusé ou prévenu mineur; que cet accusé
ou prévenu trouve des garanties suffisantes dans les formes
que le Code a établies dans l'intérêt de la défense; qu'il

n'y a pas lieu d'admettre une exception à ces règles pour
l'action en dommages et intérêts formée par la partie
civile, contre l'accusé acquitté, d'abord parce qu'elle ne serait point justifiée par les termes des art. 358 et 366 dont
les dispositions comprennent dans une seule et même catégorie les diverses actions en dommages et intérêts dont
elles attribuent la connaissance à la Cour d'assises, et ensuite parce que cette exception serait inconciliable avec la
forme de procéder qu'établissent lesdits articles. » (Cassat.,
15 janvier 1846.)

44. — Cependant il y aurait de fortes raisons de modifier
cette pratique.

La maxime *minor in delictis major habetur* ne peut
d'abord pas s'appliquer ici ; nous ne sommes plus, au point
de vue des dommages et intérêts, en matière criminelle.
Cette action en dommages et intérêts de la partie civile est
essentiellement civile ; et si l'art. 3 du Code d'instruction criminelle permet de poursuivre l'action civile en même temps
et devant les mêmes juges que l'action publique, cette action n'en demeure pas moins soumise aux règles du droit
civil. Or l'une de ces règles est que le mineur ne peut défendre à une action civile qu'avec l'autorisation de son tuteur. Peu importe la nature de la juridiction chargée de
statuer et la cause criminelle ou civile de l'obligation.

Pourquoi d'ailleurs le mineur ne serait-il pas aussi pro-
tégé devant les tribunaux criminels que devant les tribunaux civils ? Le tuteur est le complément de la personna-
lité civile du mineur, il en est le défenseur légitime ; sa
présence est essentielle partout où les intérêts du pupille
sont mis en danger, pour le diriger de ses conseils et
l'éclairer de ses lumières. Et la question de procédure ne
saurait être un obstacle, car la partie civile n'aurait qu'à

mettre en cause devant la Cour d'assises, comme elle l'eût fait devant le tribunal civil, le tuteur avec le pupille. Cette formalité d'ailleurs est de l'essence de toutes les causes civiles où figurent des mineurs ; la partie civile ne pourrait s'en plaindre, car agir autrement, ce serait demander une exception au droit commun.

Deux arrêts de la Cour d'assises du Haut-Rhin avaient adopté cette solution. (Journal du Droit criminel, 1829. P. 283. et 1831. P. 261.)

45. — On doit même regretter, et nous sommes de l'avis de MM. Chauveau et Hélie, que le tuteur ne soit pas appelé dans les préventions criminelles, à côté du pupille pour l'éclairer de sa défense, pour écarter des déclarations mensongères, pour combattre de pernicieux conseils. Cette maxime *minor in delictis major habetur* est fondée sur une autre, tout aussi sujette à critique : *quia malitia supplet œtatem.* Outre l'administration de la fortune, le tuteur n'a-t-il pas encore la surveillance de la personne ? L'empereur Justinien avait prévu ce danger pour les mineurs et il y avait pourvu par la loi 4 au Code, *De autorisatione præstanda* : « Sancimus omnino debere et agentibus et pulsatis in cri-« minalibus causis minoribus viginti quinque annis adesse « tutores vel curatores.... ne in suâ imperitiâ vel ju-« venili calore aliquid vel dicant vel taceant quod si fuis-« set prolatum vel non expressum, prodesse eis poterat et « a deteriore caculo eos eripere. »

Mais, sans aller jusque-là, il serait à désirer que la jurisprudence s'engageât dans cette voie, d'exiger la présence du tuteur, à toute instance criminelle où le mineur peut être condamné à des réparations civiles.

3° *De la condamnation du mineur aux frais.*

46. — D'après la jurisprudence, l'individu mineur de seize ans, acquitté du crime ou du délit dont il était accusé ou prévenu comme ayant agi sans discernement, ou qui a été soumis à une détention dans une maison de correction, ou même remis à ses parents, doit néanmoins être condamné aux frais. (Cassat., 13 avril 1832, 8 mai 1845.)

Et la raison en est que, dans le cas de l'acquittement du mineur en vertu de l'art. 66, c'est-à-dire pour avoir agi sans discernement, ce minenr n'en a pas moins été reconnu coupable ; le fait matériel existe ; l'âge et le défaut de discernement lui évitent l'application d'une peine, mais la criminalité du fait, et la culpabilité du mineur de seize ans n'en subsistent pas moins.

De même, l'accusé de moins de seize ans qui, malgré son acquittement pour défaut de discernement, est condamné par la Cour d'assises à être détenu dans une maison de correction jusqu'à sa vingtième année, doit être en même temps condamné aux frais, et cela solidairement avec les autres condamnés, s'il y avait plusieurs coaccusés. La solidarité est, en effet, un principe absolu en matière criminelle, qui s'applique, à défaut d'exception formelle, aux mineurs de seize ans comme à tous autres. (Cassat., 8 avril 1841.)

Il suffit même que le mineur, âgé de moins de seize ans ait été déclaré coupable, bien qu'il ait été acquitté pour avoir agi sans discernement, pour qu'il doive être condamné aux frais de la procédure, solidairement avec les autres accusés. (Cassat., 25 mars 1843.)

47. — En matière de contraventions, la question ne peut

se poser pour nous que dans les seuls cas où la question de discernement doit être résolue ; dans ces cas, le mineur renvoyé des fins de la plainte, comme ayant agi sans discernement, doit aussi être condamné aux dépens.

C'est ainsi que la Cour de cassation a cassé un jugement du tribunal de simple police de Chartres qui avait renvoyé des fins de la plainte un mineur de seize ans comme ayant agi sans discernement, et ce sans dépens : « attendu, dit la Cour, que le tribunal pouvait, à raison des circonstances de la cause et de l'âge des prévenus les renvoyer de la plainte sans prononcer contre eux aucune peine ; mais qu'en les renvoyant sans dépens, le jugement a fait une fausse application de l'art. 66, et violé l'art. 368 du Code d'instruction criminelle... » (Cassat., 10 juin 1842.)

48. — Toutefois la Cour suprême a fait une exception à ce principe de la condamnation du mineur aux frais.

La Cour a décidé que l'enfant poursuivi comme ayant participé à un vol de récoltes doit être relaxé sans dépens par le jugement qui constate que, non seulement il n'a pas agi avec discernement, *mais encore qu'il a été dominé par l'ascendant de l'auteur principal du vol, sans pouvoir s'opposer à ses coupables intentions.* Dans l'espèce, l'enfant d'ailleurs n'était pas entré dans le champ où le délit avait été commis et le maraudage n'avait pas été fait par plusieurs personnes. » (Cassat., 27 janvier 1838.) Mais remarquons que c'est là une décision toute d'espèce et que le principe n'en subsiste pas moins dans sa généralité.

A fortiori il faut appliquer tout ce qui vient d'être dit au cas où le mineur de seize ans a été condamné pour avoir agi avec discernement et en vertu des art. 67 et 69 du Code pénal.

4° *De la contrainte par corps.*

49. — Dans le cas où, conformément à la jurisprudence établie, le mineur acquitté pour avoir agi sans discernement est condamné aux frais ou à des dommages et intérêts, ce mineur est-il contraignable par corps ?

Autrefois la question fut vivement discutée ; elle ne l'est plus aujourd'hui, depuis la loi du 22 juillet 1867 sur la contrainte par corps.

L'art. 33 de la loi du 17 avril 1832 sur la contrainte par corps disposait que les arrêts et jugements portant condamnation, au profit de l'État, à des amendes, restitutions, dommages-intérêts et frais peuvent-être exécutés par la voie de cette contrainte.

Cet article s'appliquait-il aux mineurs de seize ans, acquittés pour avoir agi sans discernement ?

A vrai dire, le texte était conçu dans des termes généraux et ne faisait aucune exception en faveur des mineurs de seize ans. Aussi la Cour de cassation, dans le principe, décidait-elle que le mineur de seize ans, acquitté pour avoir agi sans discernement, mais condamné aux frais envers l'État ou à des dommages et intérêts, était contraignable par corps (Cass., 27 juin 1835). Et pour le décider ainsi, la Cour s'appuyait simplement sur la généralité des termes de la loi de 1832.

50. — Mais de graves objections s'élevèrent contre ce système. D'abord, pour trouver les principes de la matière, n'était-ce pas bien plus au droit civil qu'il fallait se référer, qu'au droit pénal ? Car nous sommes ici en présence d'un mineur acquitté en vertu de l'art. 66. Aucune peine, aucune mesure ayant un caractère afflictif ne peut donc

être prononcée ou prise contre lui. Or, en se référant au Code Napoléon, on y trouvait l'art. 2064 disposant que « la contrainte par corps ne pouvait être prononcée contre les mineurs ». Et le mineur se trouve, devant le tribunal criminel qui ne prononce contre lui que des condamnations pécuniaires, n'ayant pas le caractère d'une peine, dans la même situation que devant le tribunal civil, c'est-à-dire dans la position commune où l'ont placé la nature et la loi. Dénué de biens le plus souvent, privé du moins de leur administration, quel eût donc été le but de la contrainte, qui lui eût été infligée ?

Et d'ailleurs, même en matière criminelle, la contrainte par corps conserve son caractère propre et ne participe nullement de la nature répressive des peines qu'elle accompagne, elle ne constitue qu'une voie d'exécution, un simple moyen de recouvrement. L'emploi de cette voie civile doit donc, disait-on, demeurer subordonné aux principes de la loi civile.

On faisait enfin remarquer que le but de la loi eût été manqué si ces mineurs de seize ans, acquittés pour avoir agi sans discernement, eussent été contraignables par corps. Qu'a voulu la loi ? soustraire ces enfants, en permettant aux juges de les rendre à leur famille ou de ne prendre à leur égard que des mesures de correction, les soustraire au contact et à la vie de la prison, pendant un temps plus ou moins prolongé ; or, cette mesure d'humanité devait-être manquée, si on eût déclaré contraignable par corps le mineur acquitté, puisque la contrainte prononcée aurait eu pour effet d'entraîner l'emprisonnement du mineur. Cette nouvelle doctrine avait été enfin admise par la Cour de cassation, dans un arrêt du 25 mars 1843, très longuement et très fortement motivé. Cependant les termes généraux de l'article 33 de la loi du 17 avril 1832, pouvaient toujours faire doute.

51. — La loi de 1867, qui abolit la contrainte par corps en matière civile et commerciale, tout en la maintenant en matière criminelle, correctionnelle et de simple police (art. 1 et 2) a voulu mettre un terme à ces hésitations de la jurisprudence, et pensant « qu'une immunité plus complète est due à tant de jeunesse », pour employer les expressions du rapport, elle a mis le mineur dans tous les cas, à l'abri de toute correction corporelle. L'article 13 de la loi, est en effet, ainsi conçu : « Les tribunaux ne peuvent prononcer la contrainte par corps contre les individus âgés de moins de seize ans accomplis à l'époque des faits qui ont motivé la poursuite. »

CHAPITRE VI.

§ 1. — Récidive.

1° Du mineur qui a agi sans discernement.

1. — Sans entrer dans le détail des règles sur la récidive, rappelons qu'un des principes essentiels de la matière, est qu'il ne peut y avoir récidive que s'il y a eu, nous ne dirons pas crime ou délit commis, mais peine prononcée. Il faut une condamnation à une peine, d'après les termes de l'article 56 du Code pénal. C'est ce que décide un arrêt de

principe très important de la Cour de cassation, en date du 2 août 1856.

Spécialement, par rapport au mineur de seize ans acquitté en vertu de l'article 66 du Code pénal, pour avoir agi sans discernement, il a été décidé que la détention prononcée par mesure de correction contre un individu relaxé des poursuites, comme ayant agi sans discernement ne constitue pas une peine et n'autorise pas par suite l'application des peines de la récidive, et cela, quelle que soit la juridiction qui ait statué (Cour de Montpellier 6 juin 1848, Aff. Ramadié).

2. — De même, la Cour de Paris a décidé par arrêt du 3 Décembre 1830, qu'il n'y a pas eu récidive de la part de celui qui commet un délit, après avoir été acquitté à raison d'un premier délit, comme ayant agi sans discernement, mais qui a été conduit dans une maison de correction pour y être élevé et détenu pendant plus d'une année.

L'application de l'article 66 du Code pénal à un mineur de seize ans, ne peut donc jamais servir de point de départ à l'application des peines de la récidive.

2° Du mineur qui a agi avec discernement.

3. — Mais, lorsqu'au lieu de l'article 66, on a appliqué au mineur de seize ans, les articles 67 et 69 du Code pénal, alors il y a eu une véritable peine prononcée. Quelle va être la situation de ce mineur ainsi condamné au point de vue de la récidive ?

La question se pose ainsi :

Le mineur qui a commis un crime et qui a été renvoyé

Querenet.

devant les tribunaux correctionnels à raison de son âge,
est-il passible de l'aggravation de peine portée contre la
récidive, s'il se rend coupable d'un nouveau crime?

L'art. 56 du Code pénal, de 1810, déclarait en état de
récidive, tout accusé déjà condamné pour *crime*. Or, que
décider dans les cas où le crime n'était puni que de peines
correctionnelles? C'est ce qui se présentait pour les mineurs de seize ans. Nous avons vu, en étudiant l'art. 67
que ces mineurs ne sont jamais punis que d'un emprisonnement correctionnel.

4. — La Cour de cassation fut appelée plusieurs fois à
examiner si les mineurs de seize ans, condamnés pour
crime à une peine correctionnelle, étaient en récidive, lorsque, postérieurement à cette première condamnation, ils
s'étaient rendus coupables d'un nouveau crime. La Cour
décidait dans ces cas, s'appuyant sur le texte de l'art. 56
du Code pénal, que les peines de la récidive leur étaient
applicables, par la raison qu'ils avaient été condamnés
pour *crime*. La qualification du fait était la règle absolue,
il importait peu que cette qualification appartint à la législa-
lation spéciale ou à la loi générale, que la condamnation
fut émanée d'une juridiction exceptionnelle ou commune.
Souvent les Cours d'assises s'efforçaient de réagir contre
cette doctrine qui leur semblait rigoureuse : toujours leurs
arrêts étaient cassés. (Cassat., 18 avril 1818; 10 avril 1828;
11 septembre 1828.)

5. — Cette jurisprudence fut vivement attaquée ; on
trouvait irrationnel d'assimiler les accusés, qui à raison de
leur âge, n'avaient encouru qu'une peine correctionnelle, à
ceux qui, à raison de leur âge, avaient été exposés à toutes
les rigueurs de la loi.

De plus, en droit, on soutenait que cette jurisprudence faussait le sens des art. 56, 57 et 58 du Code pénal ; et que le Code dans l'art. 56 avait réglé les récidives dont le premier terme est une condamnation pour crime à une peine afflictive et infamante et dont le second terme est un crime. Si le Code de 1810 s'était contenté d'indiquer une condamnation pour crime comme premier terme de la récidive dans l'art. 56, sans indiquer en même temps le second terme, c'est-à-dire, la peine qui aurait dû être la conséquence de cette condamnation, c'est qu'alors tous les crimes, sauf ceux commis par des mineurs de seize ans, étaient punis de peines afflictives et infamantes.

Malgré ces critiques, la Cour de cassation persista dans sa jurisprudence, avec raison, selon nous, car, d'après l'art. 56, la qualification était tout, sans que l'on ait à s'occuper de la peine encourue, à raison de telle ou telle circonstance spéciale. C'est d'ailleurs le point de vue théorique le plus juste. Ce n'est pas parce qu'à raison de l'âge, le fait qualifié crime ne sera puni que de peines correctionnelles, que ce fait devient un délit : crime, il a été commis ; crime il reste en dépit de toute atténuation ou même de toute dispense de peine (art. 66, C. p.).

6. — Mais il vint un moment où la Cour sembla reculer elle-même devant l'extrême logique et l'extrême rigueur de sa doctrine.

La loi du 25 juin 1824 avait disposé, dans son art. 1, que les individus, âgés de moins de seize ans qui n'auraient pas de complices au-dessus de cet âge et seraient prévenus de crimes autres que ceux auxquels la loi attache la peine de mort, de la déportation ou des travaux forcés à perpétuité, seraient jugés par les tribunaux correctionnels qui se conformeraient aux art. 66, 67 et 69 du Code pénal.

Après la mise en vigueur de cette loi, on se posa à nouveau la question de savoir si les mineurs de seize ans condamnés pour crime à un emprisonnement correctionnel
par un tribunal correctionnel, étaient en état de récidive,
lorsque, après cette première condamnation, ils se rendaient
coupables d'un nouveau crime, Il semblait résulter des
principes admis par la Cour de cassation, que les peines
de la récidive devaient être appliquées puisqu'ils avaient
été précédemment condamnés pour un crime. C'était bien
d'ailleurs l'esprit de la loi de 1824, qui, ainsi que nous l'a-
vons dit plus haut, n'avait pas eu pour but de changer un
fait qualifié crime en un simple délit, mais qui avait voulu
seulement soustraire le mineur de seize ans à l'épreuve et
à la honte de la Cour d'assises.

Et cependant la Cour de cassation ne crut pas devoir appliquer ces principes; elle considéra que les crimes, dont
la connaissance était attribuée aux tribunaux correctionnels par la loi du 25 juin 1824, étaient rentrés dans la catégorie des délits, ce qui nous semble constituer une erreur
de droit absolue, et, en conséquence, elle se refusa à appliquer les peines de la récidive aux mineurs de seize ans,
condamnés précédemment pour crime par les tribunaux
correctionnels à un emprisonnement correctionnel. (Cassation, 27 juin 1828; 9 février 1832.)

Ces arrêts, sans revenir sur une discussion produite
plus haut, nous semblent donc fausser le droit; ils vio-
laient à la fois le texte de l'art. 56 du Code pénal et la loi
du 25 juin 1824; ils méconnaissaient en même temps la
réalité des choses. Quant au fait, nous reconnaissons le
bien fondé du nouveau système de la Cour; l'ancienne doctrine tout en consacrant le droit, aboutissait à une rigueur
trop grande.

7. — Aujourd'hui la question ne fait plus doute, par suite de la nouvelle rédaction de l'art. 56, modifié par la loi de révision générale du 28 avril 1832.

La loi du 28 avril 1832 se place à un point de vue tout opposé à celui de la Cour et même des anciens textes. Au lieu de s'attacher, dans les cas prévus par l'art. 56 du Code pénal, et pour déterminer s'il y a ou non récidive, *à la qualification* du fait incriminé, désormais on s'attachera *à la nature* de la peine prononcée.

La loi de 1832 substitua aux expressions équivoques de l'ancien art. 56, des expressions claires et précises ; il ne suffit plus maintenant *qu'un accusé ait été condamné pour crime*, pour se trouver en état de récidive, il est nécessaire *qu'il ait encouru une peine afflictive ou infamante*. Cette peine est l'élément indispensable de la récidive. Cette rédaction nouvelle de l'art. 56 tranchait la question relative au mineur de seize ans ; en conséquence, le mineur de seize ans, condamné pour crime à un emprisonnement correctionnel par les tribunaux correctionnels ou par la Cour d'assises, si par exemple, il a des complices de plus de seize ans, n'est pas soumis à l'aggravation de l'art. 56 du Code pénal, s'il vient à commettre plus tard un second crime.

La récidive de crime à crime ne peut donc pas exister lorsque le premier crime a été commis à un moment ou le coupable était âgé de moins de seize ans.

8. — Mais la récidive de délit à délit existe à l'égard du mineur de seize ans. C'est ainsi qu'il a été décidé que l'individu coupable d'un délit, après avoir été renfermé dans une maison de correction, à raison d'un crime par lui commis avec discernement avant l'âge de seize ans, doit subir la peine de la récidive. (Cour de Paris. — 3 décembre 1830).

Il en serait de même si le premier fait incriminé était

un simple délit au lieu d'un crime, et qu'il y ait eu application de l'art. 69 au lieu de l'art. 67 du Code pénal,

Telle est la situation du mineur de seize ans au point de vue de la récidive.

9. — Nous avons vu, dans la section précédente, que pour déterminer, au point de vue de la récidive, la situation dés mineurs de seize ans, ce n'était pas à la qualification légale du fait qu'il fallait nous attacher, non pas même à la nature de la peine encourue, mais à celle de la peine prononcée. C'est une pensée d'humanité qui a dicté au législateur la nouvelle rédaction de l'art. 56 du Code pénal ; il ne fallait pas que les mineurs de seize ans fussent victimes d'une aggravation de peine en disproportion avec la faute commise.

On peut se demander de même, quelle est la situation de ces mineurs au point de vue de la prescription, au double point de vue de la prescription de l'action publique et de la peine.

10. — Il y a des cas d'abord, où la question ne fait pas doute. Le mineur de seize ans est soumis aux délais du droit commun dans plusieurs espèces.

Ainsi, en matière de simple police, la prescription ne sera acquise au mineur de seize ans qu'après une année révolue, à compter du jour où la contravention aura été commise. (Art. 640 Code d'insts. crim.).

De même s'il s'agit d'un délit (art. 638 du Code d'instr.

crim.) commis par un mineur de seize, le délai de prescription de l'action publique est porté à trois ans.

Enfin pour nous, il est hors de doute qu'aux cas où le
mineur de seize ans est justiciable des cours d'assises,
soit à raison des crimes commis (art. 68 du Code pénal),
soit parce que le mineur de seize ans a des complices au
dessus de cet âge, les délais de prescription sont ceux indiqués par l'art. 637 du Code d'instruction criminelle, c'est-
à-dire dix ans à compter du jour ou le crime a été commis.

11. — La question ne s'élève que dans les cas, où, conformément à l'art. 68 du Code pénal, le mineur de seize ans
a été condamné pour crimes par le tribunal correctionnel.
Aux termes de l'art. 67, l'accusé mineur de seize ans déclaré coupable d'avoir commis avec discernement un fait
emportant des peines afflictives ou infamantes, n'est condamné qu'à un emprisonnement correctionnel dont la durée
est proportionnée à la gravité du fait incriminé. Cela revient
encore à nous demander, si cette substitution de peines correctionnelles aux peines afflictives ou infamantes, enlève
aux faits imputés au mineur le caractère de crime pour les
convertir en simples délits correctionnels?

Nous avons déjà, à plusieurs reprises; signalé la question. Plusieurs fois déjà, nous avons posé en principe,
malgré la Cour de cassation, que l'âge ne change pas la
qualification du fait. Nous allons le soutenir encore à propos de la prescription, et cela, contre une jurisprudence
constante de la Cour suprême.

Nous ne reviendrons pas sur les termes, sur l'esprit et
sur les travaux préparatoires de la loi du 25 juin 1824 qui
créait une classe de crimes punis correctionnellement; nous
avons déjà dit qu'elle avait uniquement pour objet d'éviter
au mineur la honte des assises : qu'en changeant la nature

de la juridiction compétente, elle n'entendait nullement changer la nature du fait incriminé. Malgré la clarté de cette loi, la Cour de cassation a toujours statué en sens contraire. C'est ainsi que décidant expressément la question relative à la prescription du crime par le mineur, la Cour dit : « attendu que, d'après l'art. 637 du Code d'instruction criminelle, la prescription de dix ans est établie pour les crimes de nature à entrainer des peines afflictives ou infamantes, que d'aprèsl'art. 638 du même Code, la prescription de trois ans, s'applique aux faits de nature à être punis correctionnellement ; que la qualification légale d'un fait résulte et de la juridiction à laquelle il est déféré et de la peine qu'il doit encourir ; qu'il s'ensuit de là qu'un fait de la compétence des tribunaux correctionnels et puni de peines correctionnelles, se prescrit par trois ans ; que le crime commis par un individu agé de moins de seize ans, aux termes de l'art. 68 du Code pénal, étant de la compétence des tribunaux correctionnels et n'étant passible que des peines prononcées par ces tribunuux, rentre nécessairement dans la classe des dèlits et que l'action qui en résulte se prescrit par trois ans. Par ces motif etc.., » (Cassat. 22 mai 1841).

12. — La Cour confirmait encore cette jurisprudence dans un arrêt du 25 août 1864 : et cependant, en toute autre hypothèse, la Cour de cassation reconnait que la nature du crime n'est pas changée, quant a la prescription, par l'admission soit des circonstances atténuantes, soit d'une excuse. (23 février 1839. — 17 février 1833 Cass.)

C'est donc, selon la Cour elle-même, *au caractère légal du fait* réprimé qu'il faut s'attacher; or d'après l'art. I de la loi de 1824, c'est bien pour *crime* que le mineur de seize ans est condamné. « Les individus âgés de moins de seize ans qui seront prévenus de crimes,... » porte l'art. 68 révisé.

13. — L'arrêt que nous critiquons se fonde sur ce que, d'après l'art. 637 du Code d'instr. crim., la prescription de dix ans est établie pour les crimes de nature à entrainer des peines afflictives ou infamantes, et que, par suite, s'il s'agit d'une peine correctionnelle, c'est la prescription triennale qui est seule applicable. Mais il est évident que les expressions dont se sert l'art. 637 n'ont pas le sens limitatif que leur attribue l'arrêt. L'art. 637 n'a pas voulu dire que les crimes seuls qui seraient punis de peines afflictives ou infamantes seraient soumis à la prescription décennale : il a voulu seulement indiquer la pénalité qui imprime à un fait le caractère de crime.

De plus, ce que le garde des sceaux a dit du changement de juridiction dans l'exposé des motifs de la loi de 1824, il l'a dit, dans les mêmes termes et de la même manière, pour la substitution des peines correctionnelles aux peines criminelles proprement dites, dans le cas de l'art. 68. La substitution des peines de la première espèce aux peines de la seconde, ne change donc pas plus le caractère de l'infraction, que ce caractère n'est changé par le changement de juridiction. Elle n'empêche donc point les règles de la prescription de rester toujours les mêmes.

14. — Enfin, dit M. Brun de Villeret, on peut invoquer une dernière considération à l'appui du système que nous soutenons. Les conditions de durée qui règlent la prescription ont été déterminées d'après la gravité de l'infraction et les exigences de la répression. Or, un crime, qu'il soit commis par un majeur ou par un mineur, n'en est pas moins un crime, et trouble à un égal degré l'ordre social.

On comprend que par une sorte de privilège personnel, le mineur soit traité, en ce qui touche la peine, d'une manière plus favorable, mais aucun motif sérieux n'est de nature à lui faire appliquer une prescription autre que celle qui est attachée par la loi au genre d'infractions pour lesquelles il est poursuivi.

15. — Signalons enfin une anomalie choquante, conséquence inévitable de la doctrine de la Cour de cassation.

Supposons que deux mineurs de seize ans commettent identiquement le même fait, qualifié crime ; l'un seul, l'autre avec un complice de plus de seize ans.

Aux termes de l'art. 68, le mineur de seize ans qui a agi seul, sera traduit devant un tribunal correctionnel. D'après la jurisprudence de la Cour de cassation, il doit être considéré comme n'ayant commis qu'un délit, et par suite, il peut invoquer la prescription de trois ans, relative aux délits correctionnels.

Au contraire, le mineur de seize ans qui a commis un fait identique qualifié crime, par cela seul qu'il a un complice de plus de seize ans, aura commis véritablement un crime, et non plus un délit comme au cas précédent, et ne pourra invoquer que la prescription décennale en matière de crimes.

De pareils résultats montrent bien le vice de la doctrine consacrée par la Cour de cassation.

16. — Cette jurisprudence n'est pas d'ailleurs admise par les cours et tribunaux.

C'est ainsi que la cour d'Angers a statué dans les termes suivants, sur la question : « En ce qui touche la prescription invoquée par le prévenu, sur le motif que les faits à lui imputés se seraient accomplis plus de trois années avant les poursuites ; qu'à la dite époque,il était âgé de moins de seize ans ; qu'à raison de cette dernière circonstance, malgré la qualification de crime donnée par les premiers juges aux actes qui lui sont reprochés, et malgré la déclaration qu'ils ont faite que le mineur avait agi avec discernement, la poursuite et la pénalité n'ayant qu'un caractère correctionnel, et la prescription pouvant être invoquée en tout état de cause, la Cour doit déclarer qu'elle est acquise et renvoyer le prévenu de la plainte.

« Considérant que si le législateur, dans les articles 6, 7, 8 et 9 du Code pénal, détermine quelles sont les peines en matière criminelle et quelles sont ces peines en matière correctionnelle, il caractérise également et définit plus tard, dans le même Code, quels sont les actes auxquels les peines en matière criminelle s'appliquent, et les actes passibles de peines en matière correctionnelle ; qu'à ses yeux, le caractère de ces actes reste constamment le même ; que si à raison de l'âge ou des circonstances, il excuse le fait ou modifie la pénalité, le fait n'en conserve pas moins sa qualification légale, de telle sorte qu'un crime est toujours un crime, un délit toujours un délit (art. 65, 66, 67, C. P.)... Considérant que le seul privilège du mineur de seize ans, déclaré coupable et ayant agi avec discernement, est de jouir du bénéfice des art. 67 et 69, introduit par le législateur par un motif d'humanité ; qu'il ne s'agit ici que d'une question d'adoucissement de pénalité et nullement d'une atteinte portée à la loi de police et de sûreté générale. Considérant que les prescriptions sont de droit et d'ordre publics, et que le législateur, en apportant des modifications favorables aux mineurs, n'a porté aucune atteinte aux principes qui régissent les prescriptions ; que si le système invoqué par le prévenu était juste, il faudrait par identité de raison, l'appliquer aux accusés de crimes commis plus de trois ans avant la poursuite, et reconnus coupables par le jury, avec admission de circonstances atténuantes, admission qui ne permettrait plus que l'application de peines correctionnelles, conséquence évidemment contraire à tous les monuments de la jurisprudence. Par ces motifs, etc...» (Angers, 3 décembre 1849.)

Un jugement du tribunal de Chaumont du 8 mars 1856 a statué dans le même sens.

17. — Nous dirons donc, en résumant toute cette discussion :

La prescription de l'action publique contre le mineur de seize ans, qui, coupable d'un crime, ne se trouve passible que d'une peine correctionnelle, n'est point celle de trois ans établie pour les délits, mais celle de dix ans établie pour les crimes.

Il faut étendre tout ce que nous avons dit sur la prescription de l'action publique à la prescription de la peine.

CHAPITRE VII

De l'Exécution de la peine.

§ 1. — DE 1810 A LA LOI DU 5 AOUT 1850.

Nous arrivons à la quatrième partie de ce travail. Nous avons, jusqu'ici, suivi le mineur depuis le moment où le délit a été commis ; nous avons discuté sa responsabilité, nous avons fait connaître l'influence de l'âge sur les questions de compétence et d'application de la peine ; nous nous trouvons maintenant en présence du mineur jugé et condamné suivant les principes exposés plus haut. Sa peine, il va la subir ; comment la subira-t-il ? Tel est le dernier point à traiter ; ce n'est pas le moins complexe, ni le moins intéressant.

Examinons d'abord ce qui se passe ; nous nous demanderons après, s'il n'y aurait pas lieu d'apporter des modifications à l'état de choses actuel.

Ici, les art. du Code pénal ne nous suffiront pas : nous devons y joindre la loi du 5 août 1850, sur l'éducation et le patronage des jeunes détenus.

D'après le Code pénal, les mineurs de seize ans, se distinguent, nous l'avons vu, en deux catégories bien distinctes : 1° Mineurs ayant agi *avec* discernement ; 2° Mineurs ayant agi *sans* discernement.

C'est dans le Code pénal de 1791, que nous trouvons l'origine de cette distinction. Rappelons en effet, la teneur de l'art. 1 (1ʳᵉ Partie, tit V). « Lorsqu'un accusé, déclaré coupable, par le jury, aura commis le crime pour lequel il est poursuivi, avant l'âge de seize ans accomplis, les jurés décideront, dans les formes ordinaires de leurs délibérations, la question suivante : le coupable a-t-il commis le crime avec ou sans discernement ? » Ce principe dont les art. 2, 3 et 4 du même titre développaient les conséquences, a passé dans le Code de 1810 aux art. 66, 67, 68.

Que contient le Code de 1810 au point de vue qui nous occupe ? L'art. 66 concernant les mineurs ayant agi sans discernement, et l'art. 67 concernant ceux, ayant agi avec discernement s'exprimant de la même façon : « *Le mineur sera enfermé*, — ou — *sera condamné à la peine de....* dans une *maison de correction*. »

C'était donc dans des maisons de correction que devait s'exécuter la peine. Remarquons en passant que le Code de 1810, ne fait que reproduire les termes du Code de 1791.

Mais, pas plus en 1810 qu'en 1791, ces maisons spéciales de correction n'existaient. Les mineurs, condamnés en vertu des art. 66 et 67 du Code pénal. étaient, quant à l'exécution de la peine, confondus avec les détenus adultes et renfermés dans les maisons d'arrêt, établies dans chaque arrondissement, soit dans les maisons centrales. En prescrivant la création de maisons de correction spéciales pour les jeunes détenus, le but des législateurs se devine aisément. Il fallait soustraire l'enfance malheureuse ou coupable à la honteuse et flétrissante promiscuité des condamnés adultes.

'Malheureusement, avant 1810, rien n'était fait : après 1810, rien, ou à peu près rien ne se fit : l'administration des prisons faisait les plus louables efforts pour arriver à remplir les prescriptions de la loi : Il n'y a qu'à lire pour s'en convaincre la circulaire ministérielle du 3 décembre 1832, due à l'initiative du comté d'Argout, Ministre du commerce et des travaux publics (1) et le règlement général du 30 octobre 1841 pour les prisons départementales. Mais la volonté du législateur semblait paralysée par une force supérieure. La résistance, dit M. Voisin, venait des départements, qui, propriétaires des bâtiments des maisons d'arrêt, se refusaient à toute modification, à toute amélioration pouvant entraîner pour eux, une dépense nouvelle.

Il en résultait qu'en 1810 ; les maisons d'arrêt contenaient, contrairement aux prescriptions législatives :

(1) La direction des prisons était alors dépendante du ministère du commerce et des travaux publics.

1° Les mineurs détenus par voie de correction paternelle pour six mois au plus, conformément aux art. 376 et
377 du Code civil ;

2° Les enfants au-dessous de l'âge de seize ans, en état
de detention préventive, attendant leur comparution, soit
devant les tribunaux correctionnels, soit devant les cours
d'Assises ;

3° Les enfants condamnés à une peine n'excédant pas
une année (par application des articles 67 et 69) Code
pénal.

Dans les maisons centrales, même confusion : ici encore,
avant comme après le Code pénal de 1810, ces établissements ont reçu .

1° Les enfants au-dessous de seize ans acquittés
comme ayant agi *sans* discernement, mais non remis à
leurs parents et renvoyés, en vertu de l'art. 66 du Code
pénal, dans une maison de correction pour y être détenus
et élevés pendant un certain nombre d'années ;

2° Les enfants au-dessous de seize ans condamnés comme
ayant agi *avec* discernement, lorsque la peine prononcée
contre eux, était supérieure à une année (1).

Mais ici des efforts plus sérieux furent tentés ; on ne se
heurtait plus aux résistances des départements ; l'Etat était
propriétaire des bâtiments des maisons centrales : aussi
des quartiers correctionnels, exclusivement réservés aux
jeunes détenus, furent-ils créés dans des établissements
de l'Etat :

1° En 1824, à Strasbourg ;

2° En 1826, à Rouen ;

3° En 1833, à Lyon ;

4° En 1835, à Toulouse ;

(1) Voir Rapport sur les jeunes détenus, par M. F. Voisin, Passim.

5° En 1836, à Carcassonne, puis à Paris, à Amiens et à Besançon.

Mais ce n'était là remplir qu'imparfaitement le vœu de la loi : ce qu'il fallait aux jeunes détenus, ce n'était pas un quartier dans une maison centrale, maison d'où l'enfant ne peut sortir que flétri ; ce qu'il fallait pour eux, c'était des maisons spécialement créées et, qui leur fussent exclusivement réservées, où l'on n'aurait pu, grâce à une discipline bien entendue, à une éducation intellectuelle et morale soigneusement dirigée, les relever à leurs propres yeux et faciliter leur retour définitif au bien pour le jour si délicat de leur libération.

C'est à l'initiative privée que devait-être livrée pendant une assez longue période, la grave question de l'enfance malheureuse ou coupable, avant 1850, le législateur ne parlera plus : mais néanmoins deux créations de cette période doivent nous arrêter quelque peu, la Petite-Roquette et Mettraye.

Mentionnons comme premier essai, l'établissement créé en 1817, rue des Grès par M. l'abbé Arnoux, il contenait environ deux cents enfants, choisis dans les prisons de la Seine, parmi les meilleurs sujets : l'établissement disparut, après la Révolution de 1830, et les enfants qu'il contenait furent répartis, en 1831 entre le quartier des Madelonnettes et le pénitencier de la Roquette, par les soins de M. Vivien, alors Préfet de police.

La maison de la Petite-Roquette avait été commencée en 1827. Elle était alors destinée à servir de prison pour les femmes et avait été aménagée selon le système Auburnien, c'est-à-dire, pour l'emprisonnement cellulaire de nuit et le travail en commun pendant le jour.

Mais déjà la question des jeunes détenus préoccupait l'opinion publique. On demanda que cette nouvelle prison fût affectée aux jeunes détenus ; et malgré M. de Tocqueville qui reculait devant cette application du système cellulaire, sur l'initiative du Préfet de police, M. G. Delessert, ce vœu fut réalisé, et le 11 septembre 1836 les jeunes détenus y étaient installés.

Dans la pensée du Préfet de police, la petite Roquette devait être un pénitencier modèle ; nourriture saine et abondante, instruction intellectuelle et professionnelle, éducation religieuse et morale, tout devait être donné aux pensionnaires pour arriver à éveiller ou à rallumer en eux l'idée et la volonté du bien.

La révolution de 1848 enleva M. Delessert à la préfecture de police : ce fut un premier coup pour la petite Roquette ; un second coup devait lui être portée par la loi de 1850, prescrivant d'une manière exclusive et formelle les occupations agricoles et le travail en commun.

La fondation de Mettraye en 1839 devait être au contraire plus durable. Personne n'ignore le nom de ses deux fondateurs, MM. Demetz et de Courteilles. Leur système d'éducation se résumait en une phrase : rappeler le plus possible à l'enfant la famille absente ; d'où la division des enfants par groupes appelés familles ; comme système de travail les fondateurs voulaient « l'amendement de l'enfant par « la terre et de la terre par l'enfant. » C'est la théorie reprise plus tard par M. Ch. Lucas, et mise en pratique par lui au Val d'Yèvre en 1847.

Ces deux noms sont justement célèbres, dans l'histoire de l'éducation correctionnelle des jeunes détenus, bien que répondant, dit M. Voisin dans son très remarquable rapport, « à deux théories pénitentiaires bien distinctes, en- « tièrement opposées même l'une à l'autre ! La pensée qui « avait présidé à leur création était évidemment la même: « C'était l'intérêt seul des enfants qui avait inspiré M. De-

Querenet.   9

« lessert, d'une part, et M. Demetz d'autre part : mais
« quelle différence profonde dane le choix des moyens em-
« ployés pour arriver uu but commun! A la Roquette, les
« jeunes détenus étaient soumis à l'emprisonnement de
« jour et de nuit : à Mettray, c'était au contraire la vie en
« commun qui leur était réservée. A la Roquette, ils se li-
« vraient à des travaux industriels, et à Mettray les tra-
« vaux agricoles étaient seuls en honneur. »

Il est juste d'ajouter que de 1830 à 1850, la Roquette et
Mettray n'étaient pas les seuls établissement fondés : de
nouvelles colonies publiques et privées avaient été créées,
sous la pression de l'opinion publique. (1)

(1)   *Colonies privées.*

En 1835, établissement d'Oullins, fondé par M. l'abbé Rey.

En 1839, maison correctionnelle de Bordeaux, fondée par M. l'abbé
Dupuich.

En 1839, maison correctionnelle de Marseille, fondée par M. l'abbé
Fihiaux.

En 1843, le petit Quévilly (Seine-Inférieure).

En 1843, Saint-Hilan (Côtes-du-Nord).

En 1843, Sainte-Foy (Dordogne).

En 1847, colonie du Val-d'Yèvre (Cher), fondée par M. Ch. Lucas, devenue en octobre 1871 propriété de l'État.

En 1848, colonie de Citeaux, fondée par M. l'abbé Rey et dirigée par
les frères de Saint-Joseph. A citer encore les colonies de Nancy et de
Fontgombault (Indre), dirigée par les Trappistes.

Colonies publiques.

En 1842, à Fontevrault.

En 1843, à Clairvaux.

En 1844, à Loos.

En 1845, à Gaillon.

Ces colonies n'existent plus.

Voir le rapport de M. Voisin, p. 18-19.

Statisque générale des prisons et établissements pénitentiaires (1875),
p. 132, tableau 1.

Si, après avoir mentionné les créations d'établissements publics et privés, nous voulions suivre le mouvement de l'opinion publique en faveur des jeunes détenus de 1839 à 1850, nous aurions à étudier la remarquable circulaire du comte d'Argout, ministre du commerce et des travaux publics, circulaire du 3 décembre 1832, et qui permet la mise en liberté provisoire ou conditionnelle de jeunes détenus. Nous aurons à revenir plus tard sur cette importante question. Puis en 1835, c'est M. Thiers, alors ministre de l'intérieur qui ordonne une enquête ; enfin le rapport adresé au roi, le 1er février, 1837 par M. de Gasparin, ministre de l'intérieur. En 1840, M. Duchatel continue les traditions de ses prédécesseurs au ministère de l'intérieur, et envoie, le 7 décembre 1840, aux préfets une circulaire complète sur l'administration des maisons d'éducation correctionnelle : nous y trouvons cette phrase dont les documents législatifs ultérieurs ne pourront être que le développement et l'application : « Dans ces maisons d'éducation correctionnelle, il ne s'agit pas de coupables, châtiés par la loi pour inspirer une crainte salutaire ; ce sont des enfants, souvent bien jeunes, qui sont remis à l'administration pour être élevés sous sa surveillance. Elle ne doit donc rien négliger pour en faire des hommes moraux et laborieux. »

M. Duchatel ne cessa de s'occuper de cette partie si important du régime pénitentiaire, ainsi que le prouvent les circulaires de 1841 et 1843. (28 janvier.)

La révolution du 24 février 1848 l'empêcha de présenter aux Chambres une loi sur l'éducation correctionnelle.

Cette loi que les ministres du Gouvernement du Juillet n'avaient pu faire par suite du manque d'expérience, et des tatonnements inévitables, que nécessite toute œuvre nouvelle, la République de 1848 allait tenter de la faire :

Nous arrivons ainsi à la loi du 5 août 1850 qui fut le
point de départ d'une ère nouvelle pour l'éducation correctionnelle, loi très généreusement votée, mais à un moment
où les dernières commotions politiques exercèrent sur
une partie importante de la loi une influence indéniable,
loi accueillie avec faveur, critiquée aujourd'hui avec pas-
sion, et à laquelle, il faut le reconnaître, l'expérience a
donné, sur certains points, d'évidents démentis.

La commission chargée en 1850 d'examiner les questions
relatives aux jeunes détenus était composée des hommes
les plus éminents, il suffira de citer MM. Thiers, de Mon-
talembert, Piscatory, Buffet, de Rémusat, etc... M. Corne
fut le rapporteur de la loi, présentée au nom de la commi-
sion de l'Assistance publique.

§ 2. — ANALYSE DE LA LOI DU 5 AOUT 1850.

Nous devons étudier en détail cette loi du 5 août 1850, qui
est encore aujourd'hui, et sauf critiques, le texte législatif
en vigueur sur la question. En analysant et en groupant
les articles, nous allons essayer de faire ressortir les traits
principaux de la loi.

L'art. I, article de généralités, déclare que « les mineurs
« des deux sexes recevront soit pendant leur détention pré-
« ventive, soit pendant leur séjour dans des établissements
« pénitentiaires, une éducation morale, religieuse et pro-
« fessionnelle. »

Cet article est excellent, comme intention, mais remarquons qu'il ne peut guère passer dans la pratique, qu'en
ce qui concerne les mineurs qui ont subi l'audience : car la
durée, en général, assez courte, de la détention préventive,
ne permet pas d'espérer de féconds résultats.

Comment en quinze jours, comment en un mois, agir avec efficacité sur une nature déjà viciée, qui comprend le plus souvent la gravité du fait reproché, et qui n'a d'autre souci que de combiner dans sa tête le mensonge savant qui, au jour de l'audience, devra le disculper ?

Quant à ceux pour lesquels une décision de justice est intervenue, la question est tout autre. C'est alors qu'il faut agir sur l'enfant : souvent la terreur qu'a inspirée l'audience, la solennité des débats, l'auront disposé à recevoir les leçons et les conseils. Mais dans cette œuvre du relèvement de l'enfance coupable, on se heurte souvent à un obstacle, provenant de la jurisprudence de nos tribunaux qui prononcent des peines de trop courte durée. Comment agir sur un enfant, qui sait que sa liberté lui sera rendue dans trois ou six mois, qui a la nostalgie du ruisseau, le souvenir de sa faute, souvenir qui peut-être, malgré la condamnation qu'il subit, n'est pas dénué de charme, et par-dessus tout, la perspective de pouvoir bientôt recommencer ses méfaits ?

Pour que l'œuvre d'éducation porte des fruits sérieux, il faut que ceux qui s'y consacrent aient devant eux une période d'au moins une année, pour agir sur l'enfant, il faut que le temps use ses souvenirs, que la discipline brise son caractère, que le travail quotidien retrempe son esprit ; et c'est pour cela que nous voudrions voir l'application de l'art. 66 du Code pénal, substituée le plus souvent à celle des art. 67 et 68. Cette pratique aurait deux avantages : éviter à l'enfant la flétrissure d'une condamnation, quelque minime qu'elle soit, et assurer l'œuvre de son éducation correctionnelle.

— L'art. 2 prescrit dans les maisons d'arrêt et de justice la création d'un quartier distinct pour les jeunes détenus de toute catégorie.

Les art. 3, 4, 10 et 16 sont consacrés à la création d'établissements spéciaux.

La loi établit 5 sortes d'emprisonnement :

1° Pour les mineurs de toutes catégories prévenus (art. 2), les maisons d'arrêt ou de justice avec quartier distinct.

2° Pour les mineurs condamnés en vertu des art. 67 et 69 à moins de six mois, maisons d'arrêt et de justice par *a contrario* des art. 3 et 4 de la loi de 1850.

3° L'art. 3, s'occupant des jeunes détenus acquittés en vertu de l'art. 66. C. P., comme ayant agi sans discernement, mais non remis à leurs parents, porte qu'ils seront dorénavant conduits dans une *colonie pénitentiaire* ;

Art. 4. Les colonies pénitentiaires reçoivent également les jeunes détenus condamnés à un emprisonnement de plus de six mois et qui n'excède pas deux ans. (Application. des art. 67 et 69, mineurs ayant agi *avec* discernement.)

4° L'art. 10 crée les *colonies correctionnelles.* « Il est établi soit en France, soit en Algérie, une ou plusieurs colonies correctionnelles, où sont conduits et élevés : 1° les jeunes détenus condamnés à un emprisonnement de plus de deux années ; 2° les jeunes détenus des colonies pénitentiaires qui auront été insubordonnés.

5° Enfin, l'art 16 concerne la création de *maisons pénitentiaires* destinées aux jeunes filles. Ces maisons reçoivent : 1° les mineures détenues par voie de correction paternelle ; 2° les jeunes filles de moins de seize ans, condamnées à l'emprisonnement pour une durée quelconque ; 3° les jeunes filles acquittées, comme ayant agi sans discernement et non remises à leurs parents.

Toutes les catégories rentrent dans ces cinq divisions ; le côté nouveau de la loi était donc la création de colonies pénitentiaires, correctionnelles, et de maisons pénitentiaires. Nous verrons plus tard si la loi n'est pas sujette à

critique, au point de vue de la distribution des jeunes détenus dans ces établissements spéciaux.

Une tendance assez singulière se manifeste dans les art.
5 et 6 s'occupant de la création des colonies pénitentiaires,
le législateur de 1850 semble donner la préférence aux établissements privés.

L'art. 5 porte : les colonies pénitentiaires sont des établissements publics ou privés.

Art. 6. « Dans les cinq ans qui suivront la promulgation
« de la loi, les particuliers ou associations qui voudront
« établir des colonies pénitentiaires pour les jeunes détenus
« formeront, auprès du ministre de l'intérieur, une de-
« mande en autorisation.... A l'expiration des cinq années,
« si le nombre total des jeunes détenus n'a pu être placé
« dans des établissements particuliers, il sera pourvu aux
« frais de l'État, à la fondation de colonies pénitentiaires. »

Deux motifs déterminèrent en 1850 cette préférence
donnée aux établissements privés : et ces deux motifs, je
les trouve très explicitement exprimés dans le rapport de
M. Corne. « D'une part, dit le rapporteur, le législateur
« pensait que l'administration pouvait introduire dans des
« établissements fondés par elles, un ordre régulier, une
« discipline exacte, mais qu'elle ne pouvait commander à
« ses fonctionnaires la chaleur d'âme, le zèle religeux qui
« font tout le sucèss des œuvres morales. »

D'autre part il croyait réaliser de véritables économies,
« en ne compliquant pas les rouages de notre administra-
« tion de la gestion économique d'un grand nombre d'ex-
« ploitations rurales » (1). Nous aurons à revenir sur ces
deux motifs.

Les art. 3, 11, 17 règlent le genre de travail auquel doivent être astreints les jeunes détenus.

(1) Rapport de M. Corne, p. 24 et 25. Tours, 1850.

Pour les garçons, la règle est simple, le principe nouveau. Art. 3, les jeunes acquittés en vertu de l'art. 66, C. P., sont appliqués aux travaux agricoles et aux principales industries qui s'y rattachent.

Art 11. — Il en est de même pour les jeunes détenus des colonies correctionnelles.

Un second principe qu'énonce l'art. 3 et qui est la conséquence nécessaire du genre de travaux adopté, c'est celui de la vie et de l'éducation en commun sous une discipline sévère.

Pour les maisons de jeunes filles, la règle est tout autre, L'art. 17 porte : « Les jeunes filles, détenues dans les mai- « sons pénitentiaires, sont élevées sous une disciple sévère « et appliquées aux travaux qui conviennent à leur sexe. »

Poser en principe législatif l'obligation du travail exclusivement agricole et de la vie en commun, c'était dans la question de l'éducation correctionnelle, agitée et étudiée depuis 1830 par les hommes les plus éminents, porter un rude coup à l'existence d'un des rares établissements spéciaux consacrés aux jeunes détenus, à la Petite-Roquette, où, depuis 1836, près de 500 jeunes gens se trouvaient employés aux travaux industriels, et soumis à l'emprisonnement cellulaire.

Pour modifier ainsi l'état des choses existant, il fallait que le législateur fût poussé par de graves raisons ; il est certain d'abord que la merveilleuse fondation de Mettray, qui se trouvait en pleine prospérité lors du vote de la loi de 1850, influa sur l'Assemblée nationale. La devise de M. Demetz était belle : « améliorer l'homme par la terre et amender la terre par l'homme. » A ces enfants, que l'oisiveté a mis le plus souvent sur une mauvaise pente, dont les passions ont été surexcitées de bonne heure, il faut pour donner le change à ces passions, pour faire rentrer dans leurs âmes du calme, des idées sérieuses et douces, pour épurer le sang et donner à leurs corps une complexion robuste, il leur faut l'air, la vie des champs, les habitudes paisibles et le travail fortifiant du cultivateur » (1).

Et puis, en 1850, on n'était pas bien loin de 1848 : l'Assemblée se souvenait des jours de fusillades et de luttes dans Paris ; le calme régnait à peine dans la rue ; le travail industriel et le souvenir des ateliers de 1848 effrayait et l'Assemblée ne désirait rien tant que d'éloigner de Paris et des grands centres le plus grand nombre de bras possible ; c'est ce qu'exprime le rapporteur dans les lignes suivantes : « Le travail manufacturier, enseigné seul aux détenus, les pousse nécessairement, après leur libération, vers les villes, vers les grands centres d'industrie. Là, ils sont exposés à tous les dangers de la vie manufacturière, aux chômages fréquents, aux conseils dangereux. Aux prises avec la misère et la contagion du vice, ils forment, au milieu de ces vastes agglomérations d'hommes, un milieu corrompu, où s'élaborent des projets coupables, où se trament souvent des crimes contre les propriétés et les personnes : c'est de là que sortent aussi, aux mauvais jours, des haines et des excitations anti-sociales de nature à mettre en péril les fondements même de l'ordre public. »

Remarquons qu'en exigeant dans les colonies pénitentiaires et correctionnelles l'éducation en commun et le travail exclusivement agricole, le législateur a cru cependant nécessaire d'apporter certaines restrictions. On avait compris que dans l'intérêt des enfants il était dangereux d'introduire au milieu d'eux, et du jour au lendemain, certains détenus, dont les paroles et les actes pourraient être d'un exemple déplorable.

(1) Rapport de M. Corne, p. 16.

Aussi fallait-il donner aux directeurs des colonies les moyens de connaître chacune des natures qui leur étaient confiées, et l'on ne pouvait y parvenir qu'en soumettant chaque nouveau détenu à une détention isolée plus ou prolongée. L'art. 4 fixe ce temps à trois mois pour les jeunes détenus des colonies pénitentiaires et à six mois (article 11) pour ceux des colonies correctionnelles. Pendant ce temps d'épreuve, ces détenus sont renfermés dans un quartier distinct et appliqués à des travaux sédentaires (art. 3 et art. 11). Rien de semblable n'était prescrit pour les maisons pénitentiaires de jeunes filles.

Enfin l'art. 9 de la loi de 1850 consacre un principe qu'il faut mettre en lumière, car il a donné d'excellents résultats, c'est le principe de la mise en liberté provisoire des jeunes détenus. La question n'était pas neuve : en nous occupant des textes concernant l'enfance coupable, nous avons déjà mentionné la circulaire du 3 décembre 1832, due à M. le comte d'Argout, qui, préoccupé de soustraire les jeunes détenus à la contagion des maisons centrales, où ils étaient alors placés, a permis de leur accorder une libération anticipée, mais provisoire et conditionnelle, afin de faciliter leur placement en apprentissage.

Le ministre se rendait bien compte du triste effet que produisait dans les maisons centrales, la confusion de toutes les catégories de prisonniers ; mais il y avait la question de légalité à résoudre. Etait-il possible d'autoriser la mise en liberté provisoire d'un enfant détenu en vertu d'un jugement régulier ?

Le ministre des travaux publics examina la question avec le garde des sceaux, et il fut reconnu que l'espèce de détention autorisée par l'art. 66 du Code pénal n'était pas une peine et qu'elle devait être considérée comme une mesure de police pour rectifier l'éducation (Cassation, 21 juin

1811 et 17 juillei 1812), comme un moyen de discipline (Cassation, 17 avril 1824), comme un supplément à la correction domestique (Cassation, 16 août 1832).

Il suivait de là que le gouvernement pouvait en faire cesser ou en atténuer les effets sans recourir à la clémence royale, dont l'intervention n'est nécessaire que pour la remise de la peine.

La circulaire réglait ensuite les conditions de la mise en liberté provisoire, nous allons résumer cette partie de la circulaire du comte d'Argout, qui a encore aujourd'hui un grand intérêt, car le règlement d'administration publique qui, aux termes de l'art. 21 de la loi de 1850, devait régler toutes ces questions, n'a jamais été fait.

Une Commission avait été instituée dans les dernières années du règne de l'empereur Napoléon III, par les soins de M. de Forcade ; elle s'occupait de préparer la rédaction définitive de ces règlements, lorsque survint la révolution du 4 septembre 1870.

Aux termes de la circulaire de 1832, voici comment on devait procéder :

Le préfet, lorsqu'il se trouvait dans les prisons du département, un enfant jugé en vertu de l'art. 66 du Code pénal, devait s'informer des personnes de la ville ou de la campagne qui consentiraient à le recevoir pour l'élever et l'instruire.

Le préfet traite alors avec une de ces personnes : le traité est annulé si le maître maltraite l'élève.

Le maître peut rendre l'enfant si ce dernier se conduit mal.

Le traité cessera encore, si le gouvernement veut remettre l'enfant à sa famille avant l'époque fixée par le jugement.

Une condition essentielle de tous les contrats c'est que la justice conserve ses droits et que les enfants peuvent être réintégrés à première réquisition du ministère public.

Le traité doit régler à l'avance l'indemnité à donner au maître, au cas d'interruption de l'apprentissage par la réintégration de l'enfant ou sa remise à sa famille.

Les conventions arrêtées entre les autorités locales et les maîtres ne seront obligatoires que par l'approbation du préfet.

Le préfet, avant de l'accorder, demandera l'adhésion au ministère public, en lui communiquant les renseignements pris.

En cas de dissentiment, il en sera référé au ministre de l'intérieur.

Dès que le contrat d'apprentissage sera approuvé par le préfet, il en adressera une copie au ministère public, qui fera lever les écrous et autorisera les gardiens des prisons à remettre les enfants aux personnes désignées.

Enfin, l'autorité administrative et le ministère public ont un droit et un devoir de surveillance à exercer sur ces enfants placés en liberté provisoire.

—Telles sont les grandes lignes de la loi de 1850 ; pour être complets il nous faut encore mentionner les art. 8, 12 et 13 qui instituent auprès des colonies pénitentiaires et correctionnelles et des maisons pénitentiaires, un conseil de surveillance, composé de cinq membres.

Le directeur, nommé par le gouvernement quand il s'agit d'une colonie publique (art. 5) et agréé par lui, quand il s'agit d'une colonie privée (art. 7), rend compte au conseil de surveillance des mesures prises en vertu des art. 9 et 11 de la loi, c'est-à-dire des mises en liberté provisoire (art. 13). Remarquons que c'est là une disposition impérative de la loi : le conseil de surveillance doit connaître de toutes les mises en liberté provisoire et cette disposition se rattache, étant donnée la composition du conseil de surveillance, qui comprend un délégué du préfet et un membre du tribunal civil de l'arrondissement, aux prescriptions de la circulaire du 3 décembre 1832, qui fait un devoir à l'autorité administrative et au ministère public, d'exercer une surveillance active sur les enfants placés en liberté provisoire.

. L'art. 14 impose aux procureurs généraux et au ministre de l'intérieur par l'intermédiaire de ses inspecteurs généraux, l'obligation d'une visite annuelle dans les colonies pénitentiaires et correctionnelles. Un rapport général sur la situation de ces colonies devait être présenté tous les ans par le ministre de l'intérieur à l'Assemblée nationale.

En ce qui concerne les maisons pénitentiaires de jeunes filles, l'art. 18 fixe la composition du conseil de surveillance; ce même article mentionne aussi l'inspection faite au nom du ministre de l'intérieur, sans parler de la visite du procureur général: mais le silence de la loi ne doit pas supprimer le droit de contrôle de l'autorité judiciaire; et si l'art. 18 parle de l'inspection faite au nom du ministre de l'intérieur, c'est seulement pour substituer à l'inspecteur, institué dans l'art. 14, une dame inspectrice, d'autant que l'art. 18 modifie déjà dans le même sens la composition des conseils de surveillance de ces maisons pénitentiaires, dans un but facile à comprendre. Le procureur général conserve aussi bien dans les maisons pénitentiaires de jeunes filles que dans les colonies de garçons, les attributions qui lui sont conférées par l'art. 14 de la loi de 1850.

Enfin, pour couronner l'œuvre de l'éducation correctionnelle, l'art. 19 plaçait les jeunes détenus pendant trois ans au moins, à l'époque de leur libération, sous le patronage de l'assistance publique.

§ 3. — APPLICATION PRATIQUE DE LA LOI DU 5 AOUT 1850.

Il nous faut voir maintenant quelle a été, dans la pratique, l'application de la loi de 1850.

Contrairement aux prévisions du législateur, l'Etat a été obligé de créer des colonies pénitentiaires; malgré les appels réitérés à l'initiative privée, malgré les subventions accordées, l'Etat, au 1ᵉʳ mars 1875, possédait cinq colonies pénitentiaires, les Douaires (Eure), Saint-Bernard (Nord), Saint-Maurice (Loire-et-Cher), Saint-Hilaire (Vienne), le val d'Yèvre (Cher), contenant une population de 1,824 garçons.

A la même date, on comptait vingt-quatre établissements privés, contenant 5,359 garçons.

Quant aux colonies correctionnelles, nous en comptons cinq : à Dijon (Côte-d'Or), à Lyon (Rhône), à Rouen (Seine-Inférieure), à Villeneuve (Lot-et-Garonne), à Nantes (Loire-Inférieure), contenant 398 garçons.

Quant aux établissements publics de jeunes filles, l'Etat n'en possédait que deux : l'un est Nevers (Nièvre), l'autre est l'établissement de Sainte-Marthe à Pontoise (Seine-et-Oise). Ces établissements renfermaient 118 jeunes filles.

Les établissements privés de jeunes filles sont comparativement beaucoup plus nombreux et beaucoup plus peuplés.

Au 1ᵉʳ mars 1875, on en comptait vingt contenant une population de 1,668 jeunes filles. Parmi ces derniers, le plus connu est le couvent de la Madeleine, situé à Paris, et auquel M. Othenin d'Haussonville a consacré dans son livre de l'Enfance à Paris, quelques pages curieuses.

L'Etat élève donc 2,340 jeunes détenus des deux sexes,

et les établissements particuliers en élèvent 7,027, c'est-à-dire les trois quarts de la population totale. Et cependant remarquons que ce résultat est une déception pour le législateur de 1850 ; car l'art. 6 consacrait l'espérance qu'en cinq années, l'initiative privée se chargerait de la totalité des jeunes détenus, et M. Corne, dans son rapport, ne dit-il pas « qu'il faut prévoir l'hypothèse, où, après le délai de cinq années, tous les jeunes détenus, n'auraient pas été réclamés et qu'alors commencerait seulement pour l'Etat l'obligation de fonder une ou deux colonies pénitentiaires ? »

Sur d'autres points, la loi de 1850 n'a pas été du tout appliquée. C'est ainsi que l'art. 2 prescrivait la création dans les maisons d'arrêt et de justice, d'un quartier distinct pour les jeunes détenus de toute catégorie. Or, ceux-ci ne trouvent dans presque aucune maison ce quartier distinct. Il faut en accuser et le mauvais état de la plupart des prisons départementales, et le mauvais vouloir des conseils généraux qui ont refusé les fonds nécessaires.

Un remède a été porté à cet état de choses par la loi du 5 juin 1875 sur le régime des prisons départementales. Cette loi ordonne la transformation de ces prisons en maisons cellulaires, et soumet au régime de la cellule tous les prévenus et les condamnés à un emprisonnement d'un an et jour et au-dessous (art. 2). Une circulaire du ministre de la justice, en date du 1er septembre 1875, vint s'occuper de régler l'ordre dans lequel les prévenus et condamnés seraient astreints au régime nouveau. « Les cellules doivent être de préférence réservées aux prévenus ; puis, au fur et à mesure de la transformation, on placera tout d'abord en cellule les mineurs de vingt et un ans. »

Les art. 4, § 2, et 11, qui créaient dans les colonies pénitentiaires et correctionnelles un quartier spécial où le jeune détenu devait pendant les trois ou six premiers mois de son séjour à la colonie, être soumis à des travaux sédentaires, n'ont reçu aucune application. On s'explique encore cette inexécution de la loi, quand il s'agit des colonies privées ; le contrôle de l'État ne peut s'y exercer d'une façon permanente et journalière ; mais elle ne peut se comprendre, quand elle s'applique aux colonies publiques soumises au contrôle incessant de l'administration supérieure ; et cependant, M. Voisin, dans son rapport, ne craint pas de dire : « Rien de tout cela n'a été fait ; il n'y a pas dans une seule colonie pénitentiaire, un seul quartier distinct de ce genre, et les jeunes détenus condamnés à des peines de courte durée, et renfermés en vertu de la loi de 1850, dans les maisons d'arrêt ou de justice, n'ont jamais été appliqués à des travaux sédentaires. »

Le rapport annuel qui, aux termes de l'art. 14, § 3, devait être déposé sur le bureau des Chambres, n'a jamais été fait.

L'art. 19, qui place les jeunes détenus sous le patronage de l'assistance publique, pour trois ans au moins après leur libération, est resté lettre morte dans la pratique, et c'était cependant une disposition très utile et très sage du législateur ; le moment de la libération est un des plus rudes à franchir pour le jeune détenu, qui passe subitement de la discipline la plus sévère à la liberté la plus absolue. La Société de patronage des jeunes détenus et des jeunes libérés du département de la Seine, fondée le 17 mars 1833 et reconnue d'utilité publique le 5 juin 1843, s'efforce de réparer en partie l'inexécution de la loi ; mais son action, qui s'exerce seulement sur les jeunes libérés de la Seine, est nécessairement restreinte.

Des sociétés de patronage pour les jeunes libérés s'étaient fondées, en 1824 à Strasbourg, en 1835 à Lyon, puis à Riom, puis à Rouen ; mais ces sociétés de province ont disparu. La société de Paris est la seule qui ait survécu.

Enfin, les différents règlements d'administration publique, prescrits par l'art. 21, n'ont jamais été faits.

La loi de 1850 a déçu en partie les espérances du législateur. Certes, un progrès sur l'état de choses antérieur a été réalisé par la création d'établissements publics et privés ; mais, néanmoins, tous les bons esprits s'accordent à demander la révision de la loi de 1850. C'est dans ce but qu'une commission a été nommée par l'Assemblée nationale, en date du 25 mars 1872. Cette commission, présidée par M. de Peyramont, avait pour secrétaires deux hommes éminents, M. Voisin et M. le vicomte d'Haussonville. Un projet de loi, dont nous allons parler, a été élaboré par cette commission, et le rapport a été présenté en 1875, par M. Voisin, au nom de la commission.

Nous arrivons maintenant à l'examen critique de la loi de 1850.

§ 4. — EXAMEN CRITIQUE DE LA LOI DU 5 AOUT 1850.

La loi de 1850, — tous les hommes spéciaux le reconnaissent,—n'a pas tenu ce qu'elle promettait : sur bien des points, elle a trompé l'espérance du législateur. Il faut donc que certains des principes sur lesquels elle repose, n'aient pas toute la valeur qu'on avait cru pouvoir leur attribuer. Examinons ces principes :

1° Un premier point qui nous semble sujet à critique, c'est le maintien de l'emprisonnement des mineurs de seize ans dans les maisons d'arrêt. Aux termes de l'art Ier de la loi de 1850, nous voyons que les mineurs de seize ans sont enfermés, pendant leur détention préventive, dans les maisons d'arrêt. L'art. 2 ordonne la création de quartiers distincts pour eux ; ici, nous comprenons encore, tout en le regrettant, le maintien du mineur dans la maison d'arrêt, quoique bien souvent ce quartier distinct, dont la loi ordonne la création, n'existe pas ; il faut avant tout que le mineur soit à la disposition du juge d'instruction.

Mais par *a contrario* de l'art. 4, il faut dire que les mineurs de seize ans condamnés à un emprisonnement de moins de six mois, en vertu des art. 67 et 69 du Code pénal doivent subir leur peine dans les prisons départementales. C'est là une disposition très regrettable ; il ne faut pas qu'en aucun cas l'enfant subisse le contact dégradant de la prison. Il est vrai que, d'après la loi de 1875, qui organise le régime cellulaire dans les prisons départementales, les inconvénients et le contact avec les autres détenus seront diminués ; mais c'est déjà trop qu'on renferme, entre les mêmes murs, des mineurs de seize ans et des condamnés adultes. Il eût été d'ailleurs si simple de laisser le mineur condamné à moins de six mois subir sa peine dans une colonie pénitentiaire ! On eût évité ainsi cette confusion toujours fâcheuse de l'emprisonnement de *garde* et de l'emprisonnement de *peine*.

2. — La loi de 1850 proclame, dans son art. 3, que le régime des colonies et maisons qu'elle crée sera le régime en commun. C'est cette prescription de la loi qui devait aboutir en 1865, après un discours de M. Jules Simon, à la Chambre des députés, et une visite de l'Impératrice Eugénie, à la Petite-Roquette, à la suppression de la Petite-Roquette, comme maison d'éducation correctionnelle. En effet, on ne pratiquait là que le régime cellulaire mitigé par des récréations et des visites fréquentes.

Néanmoins on représenta un tel état de choses comme il-
légal ; on le.déclara nuisible à la santé et au développement intellectuel des détenus mineurs, et la Petite-Roquette
fut fermée, la loi n'admettant comme mode d'éducation
pour les jeunes détenus que la vie en commun.

Et cependant le législateur de 1850 s'était bien rendu
compte de la difficulté du problème, puisque (art. 4 et
art. 11) il soumettait les mineurs pendant les trois ou six
premiers mois de leur emprisonnement, selon qu'ils devaient être renfermés dans des colonies pénitentiaires ou
correctionnelles, au régime de l'emprisonnement sédentaire. Il fallait que les directeurs de ces maisons eussent le
temps de juger du caractère, des instincts de leurs nouveaux
pensionnaires.

On peut même se demander si le législateur a eu une
vue nette des choses lorsqu'il n'admit que la vie en commun pour les mineurs de seize ans. A Paris, entre autres
considérations, on n'enfermait à la Petite-Roquette que des
mineurs condamnés par les tribunaux de la Seine, c'est-
à-dire des enfants profondément vicieux malgré leur jeune
âge, et pour lesquels la détention en commun peut n'être
que le pire des maux. A ces natures-là, le système cellulaire est le seul qui convienne ; n'est-ce pas un enfant,
soumis à ce système qui disait : « Le père X... prêche
bien, mais la cellule prêche encore mieux. » Et nous
ne demandons pas d'ailleurs, pour ces jeunes détenus, le
système cellulaire dans toute sa rigueur; il est facile de le
mitiger, comme cela avait lieu à la Petite-Roquette par des
promenades, des récréations, des visites aux enfants. Et
qu'on ne croie pas que l'emprisonnement cellulaire soit
une souffrance, dans le véritable sens du mot. La cellule ne
pèse pas à l'enfant de douze ans; il s'amuse d'un rien :
seulement la cellule l'isole et le fait réfléchir sur les faits

par lui commis. Ce n'est que vers quatorze, ou quinze ans, vers l'âge de puberté, selon la déposition de l'abbé Crozes, ancien aumônier de la Petite-Roquette, devant la Commission d'enquête pénitentiaire, que la cellule commence à peser au détenu. Cet emprisonnement pourrait alors cesser, mais il aurait produit un effet salutaire ; cet emprisonnement cellulaire peut être le seul moyen efficace d'action sur certaines natures intraitables.

L'opinion publique a toujours été opposée à l'emprisonnement cellulaire appliqué aux enfants. A diverses reprises, on a peint la situation des enfants en cellule sous les couleurs les plus sombres et les plus exagérées. On a invoqué le danger moral et le danger physique que la cellule leur faisait courir. Et cependant des hommes dont l'autorité est incontestable se déclarent partisans de ce régime. C'est ainsi que M. Demetz, quand il organisa la *Maison correctionnelle* de Mettraye, pour les enfants détenus par voie d'autorité paternelle, l'organisa en vue du régime cellulaire, qu'il considérait comme le plus propre à agir efficacement sur l'enfant.

Devant la commission d'enquête pénitentiaire, l'abbé Crozes vient déposer, et, s'occupant du côté moral de la question, déclare que la cellule ne peut que commencer la régénération de l'enfant; elle lui crée, du jour au lendemain, un genre de vie si différent, que l'impression est profonde et ne s'efface plus. Elle isole subitement l'enfant des exemples et des discours détestables qui l'environnaient, et M. l'abbé Crozes termine en disant qu'il voit dans la solitude un moyen énergique d'action sur les âmes.

Enfin M. le Dr Mottet, médecin de la Petite-Roquette, dépose sur les effets de la cellule considérée au point de vue hygiénique. Selon lui, la cellule ne produit pas forcément l'étiolement du corps; et, quant à son influence délé-

tère sur l'intelligence, il la nie. Toutes les fois qu'un cas
d'aliénation mentale, ou qu'une atrophie des facultés a été
constaté à la Petite-Roquette, on a toujours pu en retrou-
ver l'origine héréditaire ; et quant au nombre de maladies
qui se déclarent chez les enfants en cellule, presque tous
en ont apporté le germe en entrant dans la prison.

Aussi la commission, chargée de présenter un projet de
loi sur les jeunes détenus, propose-t-elle, dans l'art. 5 du
projet, de rétablir la possibilité du régime individuel :
« Les jeunes détenus conduits dans les maisons de réforme
sont élevés, soit sous le régime en commun, soit sous le
régime de la séparation individuelle.

« La durée du temps passé sous le régime de la séparation
individuelle n'excédera pas six mois consécutifs. Néanmoins, sur l'avis conforme de la commission de surveillance, instituée conformément aux prescriptions de l'art. 7,
elle pourra être augmentée, mais elle ne sera jamais supérieure à une année (1). »

Renfermé dans ces durées, l'emprisonnement cellulaire,
appliqué au mineur de seize ans, et soigneusement régle-
menté, loin de présenter quelque danger, nous semble au
contraire destiné à donner d'excellents résultats.

3.— Une autre idée domina encore la loi de 1850. Ce fut
de n'appliquer les enfants qu'aux travaux purement agricoles; il y eut là un excès. Nous avons déjà dit à quelle
considération l'Assemblée nationale obéit : éloigner l'enfant des centres industriels, le régénérer par le spectacle
et au contract de la nature. Il y avait du vrai dans cette
idée : elle pouvait porter des fruits excellents, mais le dé-

(1) Félix Voisin, Rapport sur les jeunes détenus. Enquête pénitentiaire,
t. VIII, p. 108.

faut fut d'avoir repoussé tout autre travail. Il semble bien qu'étant donnée la population des différents établissements de jeunes détenus, population de villes et population de campagnes, il eût fallu organiser à la fois le travail industriel et le travail agricole. Il y a de ces dégoûts qui sont dans le sang. L'enfant arrêté à Paris pour vagabondage ou tout autre méfait, aura le plus souvent une horreur instinctive du travail agricole; le seul qui puisse lui convenir, ce serait le travail industriel ; le seul moyen de l'intéresser à sa tâche, ce sera de lui faire confectionner ces articles qui lui rappellent encore Paris. « On aura beau l'astreindre, pendant quatre ans, cinq ans, peut-être plus, aux travaux des champs, en faire un agriculteur habile ; au jour de sa libération, il s'enfuira vers Paris, et il se trouvera jeté dans la cité, aussi exposé qu'au jour où il est entré dans la colonie. Il saura bien un métier, mais dont il ne pourra tirer aucun profit; et cet enfant de la ville, qui eût pu être sauvé par le travail industriel, est fatalement condamné à une rechute prochaine (1). »

Or, c'est presque par moitié que se divisent ces deux catégories d'enfants, dans les colonies pénitentiaires et correctionnelles ; ainsi au 31 décembre 1871, on comptait, dans les divers établissements publics et privés, 3,765 enfants appartenant à la population des villes, et 3,022 appartenant à la population des campagnes, 1,000 enfants environ étaient sans domicile fixe.

M. Voisin, dans son rapport sur les jeunes détenus, se prononce en faveur du travail industriel placé parallèlement avec le travail agricole. Puis s'inspirant de ce qui se passe en Angleterre, en Belgique, et de ce qui avait été in-

(1) Le Contemporains, Numéros de Novembre et Décembre 1880. Les Enfants vicieux et abandonnés.

stallé à Mettray, M. Voisin demande qu'à l'instruction industrielle et agricole, on joigne l'instruction maritime. Dans les colonies proches des ports de mer, on créera une sorte d'école correctionnelle maritime, pouvant former de bons marins soit pour l'Etat, soit pour la marine marchande.

C'est ainsi que la Belgique a une école de mousses à Ruisseleyde, dans la Flandre occidentale; l'Angleterre a deux vaisseaux écoles sur la Tamise, le *Chichester* et le *Cromwell*; enfin une association s'est fondée à Liverpool pour la réforme de la jeunesse. C'est une école de mousses établie à bord de la frégate l'*Akbar*. Elle est destinée à recevoir les jeunes délinquants. (*Akbar'schip reformatory*.)

Dans le projet de loi, présenté à la suite du rapport, l'art. 5 est ainsi conçu. « Les jeunes détenus sont, selon leur origine, leurs antécedents, leurs aptitudes et leur avenir présumable, appliqués à un apprentissage industriel, agricole ou maritime. »

Disons d'ailleurs que dans la pratique, malgré les termes de la loi de 1850, on avait fini par reconnaître la nécessité d'organiser le travail industriel, et que deux colonies publiques, des plus florissantes d'ailleurs, Nogent et Moisselles ont été fondées sur ce principe.

— En ce qui concerne les maisons pénitentiaires de filles, il faut remarquer que l'art. 17 de la loi de 1850 n'avait organisé pour elles que le travail sédentaire. C'était là encore une disposition sujette à critique ; pourquoi ne pas appliquer les femmes comme les hommes, dans certains cas, aux travaux agricoles? Elles y sont tout aussi aptes. Le projet de loi présenté est plus large et permet l'organisation du travail industriel et du travail agricole aussi bien pour les garçons que pour les filles.

4. — La loi de 1850 accuse nettement la préférence du législateur pour les colonies privées. Il suffit de lire l'art. 6 de la loi pour s'en convaincre : « A l'expiration de cinq années, depuis la promulgation de la loi, si le nombre total des jeunes détenus n'a pu être placé dans des établissements particuliers, il sera pourvu, aux frais de l'Etat, à la fondation de colonies pénitentiaires. » Ce n'était donc que dans le cas où l'initiative privée ne suffirait pas à tous les besoins, que l'Etat se réservait d'intervenir. Certes, nous comprenons fort bien qu'on laisse dans l'œuvre de l'éducation des jeunes détenus la part la plus large à l'initiative individuelle; mais l'Etat doit-il se désintéresser de la question, au point d'abandonner aux efforts privés toute cette partie du régime pénitentiaire? Le législateur de 1850 le pensait ainsi pour deux motifs :

1° « L'administration pouvait introduire, dans des établissements fondés par elle, un ordre régulier, une discipline exacte, mais elle ne pouvait, disait-on, commander à ses fonctionnaires la chaleur d'âme, le zèle religieux qui font tout le succès des œuvres morales. » Telles étaient les paroles mêmes de M. Corne, rapporteur de la loi. Nous ne les discuterons pas longtemps; certes, nous croyons comme lui, que la charité privée vaut mieux que la philanthropie officielle, et que la chaleur de cœur vaut mieux, pour régénérer l'enfant coupable, que tous les règlements et que toutes les disciplines. Si donc toute colonie privée ressemblait à certaines qui sont des modèles, il y aurait là un argument très fort en leur faveur. Mais il n'en a pas été malheureusement toujours ainsi; il suffit de rappeler que de 1857 à 1870, le gouvernement impérial fut obligé de fermer dix de ces colonies privées, où les plus grands abus avaient été commis. Trop souvent encore, les directeurs de colonies privées oublient que l'éducation correctionnelle des enfants qui leur sont confiés doit être le but de leurs efforts ; trop souvent, ils ne considèrent l'enfant que comme un outil, comme une machine à exploiter le plus fructueusement possible.

2° D'autre part, en préconisant le système des colonies privées, M. Corne croyait réaliser de véritables économies, « en ne compliquant pas les rouages de notre administration, de la gestion économique d'un grand nombre d'exploitations rurales »

Ici encore, les faits sont venus démontrer que le législateur de 1850 avait fait fausse route. Le rapport publié par M. Voisin établit clairement (1) que les établissements privés, par suite de l'allocation que fait l'Etat à ces établissements, par chaque journée et par chaque tête d'enfant, et par suite des subventions annuelles ou extraordinaires qu'il leur donne, nécessitent des sacrifices aussi grands que les établissements publics.

Enfin, il est un danger qu'on peut signaler dans les colonies privées, c'est que souvent elles n'ont pas le personnel nécessaire pour la surveillance des enfants. Il faut en excepter toutefois Mettray et certaines colonies dirigées et surveillées par des religieux.

La préférence absolue donnée par la loi de 1850 aux colonies privées ne nous semble donc pas entièrement justifiée. Il y a d'ailleurs des cas où il est du devoir de l'Etat de veiller lui-même à l'œuvre de l'éducation correctionnelle.

On sait qu'aux termes de la loi de 1850, les établissements pénitentiaires réservés aux jeunes détenus se divisent en colonies pénitentiaires, qui sont publiques ou privées, et en colonies correctionnelles, qui sont toutes des colonies publiques.

(1) Félix Voisin, Rapport sur les jeunes détenus, p. 38 et suiv.

Les art. 3 et 4 de la loi de 1850 indiquent quelles catégories d'enfants doivent contenir les colonies pénitentiaires.

1° Ceux qui sont acquittés en vertu de l'art. 66 du Code pénal, c'est-à-dire ceux qui ont agi *sans* discernement.

2° Ceux qui, enfermés en vertu des articles 67 ou 69, ont été condamnés à un emprisonnement de plus de six mois et qui n'excède pas deux ans.

Les colonies correctionnelles contiennent les insubordonnés des colonies pénitentiaires, et les condamnés à plus de deux ans d'emprisonnement.

Sur ce point encore, la loi de 1850 nous semble pouvoir et devoir être critiquée. Elle réunit deux classes de détenus bien distinctes, et qui devraient être, selon nous, soigneusement séparées : les *acquittés* et les *condamnés*. Le législateur de 1810 a divisé les jeunes détenus en deux catégories : aux uns il inflige une peine, aux autres il n'impose qu'une correction domestique. On ne comprend pas que la loi, qui a donné aux tribunaux le pouvoir de décider en présence d'un mineur de seize ans, s'il doit subir une condamnation, ou être simplement soumis à l'éducation correctionnelle, veuille confondre après coup, dans une regrettable promiscuité, des enfants qui viennent d'être classés dans deux catégories distinctes. M. d'Haussonville, dans son rapport général, fait remarquer, il est vrai, qu'au point de vue moral, il n'y a point de différence sérieuse entre les acquittés et les condamnés, le juge ne prononçant souvent l'acquittement que pour en venir à l'éducation correctionnelle. Nous ne nions pas la justesse de cette observation ; mais elle ne justifie pas cette confusion de deux classes de détenus.

On arrive d'ailleurs, par cette confusion, à un singulier résultat : les jeunes détenus acquittés en vertu de l'art. 66, vivant en communauté de régime avec les condamnés des art. 67 et 69, voyant que ceux-ci, malgré leur condamnation, ne sont pas soumis à un régime plus sévère que le leur, les sachant condamnés à une peine beaucoup moins longue en durée que celles qu'ils ont à subir, en viennent à regretter de n'avoir pas été déclarés coupables, et sont beaucoup moins disposés à profiter de cette éducation correctionnelle, organisée pour eux, en dehors de toute idée de répression pénale. C'est là un résultat fâcheux de l'état de choses actuel. Fidèle à elle-même, la loi doit séparer en fait ces deux catégories de jeunes détenus, comme elle les sépare en droit.

La commission de 1875 avait compris la nécessité de cette réforme, et le projet se conforme, au point de vue de la réalisation pratique, aux distinctions établies par le Code pénal de 1810.

L'art. 2 du projet de loi propose de remplacer les colonies pénitentiaires actuelles par des maisons dites *maisons de réforme*, où seraient placés les mineurs de seize ans, acquittés en vertu de l'art. 66 du Code pénal, comme ayant agi sans discernement, mais non remis à leurs parents. Donc ici, pas de condamnés ; ce qu'on tente, c'est l'œuvre de l'éducation correctionnelle, et le nom seul doit indiquer aux enfants qui y sont conduits qu'ils ne sont pas dans une prison, mais pour ainsi dire dans une école.

Les mineurs de seize ans condamnés en vertu des art. 67 et 69 du Code pénal, comme ayant agi avec discernement, sont conduits dans une *maison correctionnelle*.

Les catégories sont donc ainsi bien tranchées, et il devient possible d'établir un régime différent pour les condamnés et pour les acquittés.

5. — Par suite de l'état de choses actuel, et du concours

des colonies pénitentiaires publiques et privées, il se produit une conséquence que nous devons signaler. La loi de 1850 n'ayant réservé exclusivement à l'Etat que les colonies correctionnelles, mais admettant le concours des particuliers pour les *colonies* pénitentiaires de garçons et les *maisons* pénitentiaires de filles, sans distinction des causes de la détention, arrive ainsi à confier à des établissements privés, non seulement l'éducation correctionnelle des mineurs acquittés, — ce qui est une bonne mesure, — mais même l'exécution de la peine contre les mineurs condamnés, ce qui est opposé au caractère de peine publique. Il serait à désirer que tous les établissements, recevant des mineurs *condamnés* au sens juridique du mot, soient des établissements exclusivement publics, car à la société seule appartient le droit de punir, et l'exécution de la peine ne saurait se faire par d'autres que par des agents de l'autorité publique.

C'est ainsi que l'entend le projet de loi de M. Voisin, qui porte ·

Art. 4. Les maisons de réforme sont des établissements publics ou privés.

Art. 17. Les maisons correctionnelles sont des établissements publics.

Et remarquons que, dans la nouvelle loi, cette distinction obligatoire des maisons de réforme et des maisons correctionnelles s'applique aussi bien pour les filles que pour les garçons mineurs de seize ans.

Tels étaient les principaux points et les principales lacunes de la loi de 1850, que nous voulions indiquer. Il est à désirer que les Chambres puissent s'occuper le plus tôt possible d'une réforme souhaitée à la fois par les hommes spéciaux et par l'opinion.

§ 5. — Législations étrangères.

Avant de terminer, il est intéressant de rechercher quels sont les moyens employés dans quelques-uns des pays les plus avancés en civilisation, pour venir en aide à l'enfance coupable (1).

Angleterre. — Jusqu'en 1850, cette branche si intéresante de la science pénitentiaire avait échappé à l'attention des criminalistes anglais ; il ne fallut rien moins que les débats et le vote de la loi française du 4 août 1850 pour mettre l'opinion publique en mouvement.

Avant 1850, quelques établissements privés avaient été seuls créés par les soins du Dr Sydney Turner et de Miss Mary Carpenter, à Redbill, dans le comté de Surrey, pour les garçons, et à Red Loge, auprès de Bristol, pour les filles ; de même, en France, les fondations de Mettraye et du Val-d'Yèvre avaient précédé le vote de la loi de 1850.

Dès 1852, une enquête générale fut prescrite dans toute la Grande-Bretagne. Cette enquête aboutit en 1854 au bill connu sous le nom de « *Acte des écoles de réforme pour la Grande-Bretagne,* » qui marque dans la législation anglaise un progrès analogue à celui qui fut accompli en France par la loi de 1850.

Cet acte de 1854 qui crée les *reformatories* concerne les enfants vicieux et *condamnés* par la justice anglaise. Il y a donc eu une décision de justice à leur égard. Nous retrou-

---

(1) Voir Rapport de M. Voisin sur les établissements pénitentiaires de Suisse, de Belgique et de Hollande, 1872.
Rapport de M. d'Haussonville. Jeunes détenus, ch. XI.

vons là, confondues, les institutions de nos colonies pénitentiaires et correctionnelles.

Cette loi s'en rapportait uniquement à l'initiative privée du soin de fonder des établissements destinés aux enfants ; mais l'Etat se réservait de leur donner une existence légale, en leur accordant un certificat ; ces établissements deviennent alors *certified* ; ils demeurent sous la surveillance de l'Etat, qui peut toujours leur retirer ce certificat.

Il est pourvu aux dépenses de ces maisons par des subventions du gouvernement, par des subventions des comtés et des villes, et enfin, suivant un principe juste et fécond qui finira par être introduit en France, par des contributions volontaires ou forcées, recouvrées par l'État, sur les parents des enfants condamnés, lorsqu'ils seraient reconnus en état de payer leurs dépenses.

Cet acte de 1854 fut élargi par un acte de 1866, l'*Acte des écoles industrielles*, qui créait à côté des *reformatories* les *industrials schools*, institutions bien plus de bienfaisance que de répression, et destinées à l'enfance malheureuse et non plus à l'enfance coupable. Les Anglais, en effet, dans ce grand problème de l'enfance malheureuse et coupable, ont compris que, s'il est bon de punir, que, s'il est excellent, lorsque la répression est devenue nécessaire, de chercher à amender tout en réprimant, prévenir vaut mieux; et à côté des *reformatories*, œuvre de répression, ils ont largement organisé les *industrial schools*, œuvre avant tout de prévention et de préservation.

Or, en France, nous ne connaissons pas encore ces *industrial schools ;* après avoir été, en 1850, à la tête du mouvement, nous nous sommes depuis laissé dépasser.

De même, l'organisation du travail est bien plus large en Angleterre qu'en France. Chaque enfant est soigneusement étudié dans ses goûts et dans ses aptitudes; puis employé soit au travail industriel, soit au travaux agricole, soit au travail maritime.

Belgique. — La Belgique, elle aussi, a bien devancé la France; elle n'avait d'ailleurs pas attendu, comme l'Angleterre, notre loi de 1850 pour le faire. Dès 1847, dans le règlement du 11 août 1847, l'administration des prisons s'était préoccupée des questions intéressant les détenus mineurs de seize ans et du régime qu'il fallait leur appliquer.

En exécution du règlement du 11 août 1847, le gouvernement créa les deux établissements pénitentiaires de Saint-Hubert pour les garçons et de Namur pour les filles. Ces deux maisons correspondent à nos colonies correctionnelles, en ce qu'elles contiennent des mineurs condamnés en vertu de l'art. 67 et 69 du Code pénal ; quant aux mineurs acquittés en vertu de l'art. 66, l'administration belge parvint à leur donner un régime distinct par la loi du 3 avril 1848, qui avait pour but de remédier au paupérisme et qui organisait non plus des maisons pénitentiaires, mais des *écoles de réforme.* Ces maisons devaient contenir les enfants ou jeunes gens acquittés du fait de mendicité ou de vagabondage, mais retenus en vertu de l'art. 66 du Code pénal.

La loi de 1848 laissait le champ libre à l'initiative privée ; aussi, sous les auspices d'un homme qui fut pour la Belgique ce que M. Demetz, l'illustre fondateur de Mettraye a été en France, M. Ducpetiaux, deux établissements modèles se sont fondés à Berueem pour les filles et à Ruysseleyde pour les garçons ; une école de mousses est jointe à la maison de Ruisseleyde.

Comme en Angleterre, l'administration a toute latitude

pour déterminer à quel genre de travail le mineur, détenu sera astreint, qu'il soit fille ou garçon.

Comme on peut le penser, d'après les catégories de mineurs renfermés dans ces établissements, les deux maisons pénitentiaires de Saint-Hubert et de Namur dépendent de l'administration des prisons, tandis que les maisons de réforme de Berneem et de Ruysseleyde dépendent de l'assistance publique.

En Belgique, les enfants sont soumis à une discipline sévère, toute militaire ; les exercices se font en silence, les enfants sont embrigadés par sections ; à la tête de chaque section, se trouve une sorte d'officier qui ordonne et qui punit.

Hollande. — En Hollande, la législation des jeunes détenus est, au point de vue purement pénal, régie par les mêmes principes que la nôtre.

La Hollande possède plusieurs établissements de jeunes détenus, notamment ceux d'Alkmaar et de Rysselt, organisés sur le modèle de Mettraye, qui paraissent spécialement destinés aux jeunes détenus acquittés comme ayant agi sans discernement.

Le principe de la séparation des condamnés et des acquittés est, comme en Belgique, soigneusement maintenu.

Deux points sont à noter, tout à l'honneur de la Hollande : c'est d'abord le très grand soin qu'on apporte à l'enseignement donné aux jeunes détenus. C'est ainsi qu'à Rysselt, on donne aux enfants une instruction qui leur permet de devenir instituteurs.

En second lieu, un patronage très puissant est organisé pour venir en aide à l'enfant au moment de sa libération. Ces sociétés de patronage leur procurent du travail, des emplois, et surtout favorisent autant que possible leur émigration dans les colonies. N'y a-t-il pas là une indication dont nous pourrions faire notre profit en France?

Quant à la Suisse et aux Etats-Unis, nous n'en dirons que quelques mots ; ce sont surtout les œuvres préventives que ces deux pays se sont efforcés d'organiser; c'est sur l'enfance malheureuse, abandonnée, bien plus que sur l'enfance coupable, qu'ils concentrent leurs efforts; et ce point de vue est en dehors de notre sujet.

Remarquons en Suisse, l'organisation de plusieurs sociétés de patronage et les pouvoirs assez étendus que certaines ont reçus. C'est ainsi que la Société de patronage de Saint-Gall, organisée par une loi du 28 octobre 1838, a reçu du gouvernement suisse le pouvoir de remettre aux mains de la police locale tout individu, sorti des maisons de correction, et qui ne se serait pas soumis aux trois années de patronage obligatoires pour tout individu sortant de ces maisons, ou quiconque se serait rendu indigne de la protection de la Société. (Décret du 16 août 1860.)

Aux Etats-Unis, et spécialement dans les Etats de New-York et de Massachusset, des sociétés nombreuses pour la *Réforme de la jeunesse* fonctionnent et ont ouvert des maisons de refuge, fondé des colonies agricoles qui donnent les meilleurs résultats (1).

(1) La Science pénitentiaire au congrès de Stockolm, ch. X, par MM. Desportes et Lefébure.

CONCLUSIONS.

De cet exposé si rapide des diverses législations, nous pouvons tirer plusieurs conclusions :

1° Préoccupation des divers Etats d'organiser des établissements spéciaux pour recueillir les enfants abandonnés, et pour les soumettre à une éducation préventive au lieu d'être obligés de les astreindre à une éducation répressive ;

2° Séparation des enfants mineurs condamnés et des enfants mineurs acquittés ;

3° Organisation du travail au point de vue agricole, industriel ou maritime, d'après le goût et les aptitudes de chaque détenu.

Et rien de tout cela n'existe en France ; nous nous sommes arrêtés à la loi du 5 août 1850 ; les autres pays se sont chargés de nous montrer que notre loi était insuffisante, qu'on pouvait faire plus et mieux. Il faut donc nous remettre à l'œuvre, le sujet est un des plus importants qu'on puisse trouver. Il intéresse assez l'avenir du pays pour qu'on consente à écouter les réclamations des hommes spéciaux et qu'on s'occupe enfin de porter remède à une situation depuis trop longtemps préjudiciable aux intérêts de l'enfance coupable.

Et pour y parvenir, il faut :

1° Une loi qui vienne remplacer la loi du 5 août 1850 et qui la modifie profondément au double point de vue de l'organisation du travail et de la distinction des jeunes détenus en condamnés et en acquittés.

2° Une loi spéciale qui vienne organiser en France, à l'instar des *Industrial schools* d'Angleterre, des maisons de refuge pour les enfants abandonnés ou vicieux, pour ces cent mille enfants, qui annuellement viennent se recommander à la charité publique ou privée, selon les dernières statistiques. Ici la plus large place peut être laissée à l'initiative privée : c'est à la charité qu'il faut faire appel, au dévouement de tous, en faveur de l'enfance abandonnée ; il suffit de réserver la sanction de l'Etat, qui s'exercera au moyen du certificat donné par lui, et qu'il pourra toujours retirer au moindre abus ; ce seront là des établissements *certified*, où seront amenés tous ces enfants vagabonds et mendiants, que leur jeune âge doit préserver de la honte et des enseignements de l'audience.

3° Enfin, se rattachant encore et directement à notre sujet, il faudrait une loi organisant sérieusement le patronage en France.

Tout le monde est d'accord pour dire que le moment le plus difficile à traverser est celui de la mise en liberté de l'enfant. A cet instant, livré à lui-même, grisé de sa liberté nouvelle, exposé à toutes les tentations, n'ayant sous les yeux que de détestables exemples, il est fatalement conduit à une nouvelle chute, s'il ne trouve personne à côté de lui pour le guider et le protéger. Telle est et telle doit être la mission des sociétés de patronage.

Elles existent bien à Paris, mais seulement sur des proportions restreintes en comparaison de la tâche immense à accomplir. Il y a la *Société de patronage des jeunes détenus de la Seine*, la *Société des libérées repenties*. Mais toutes ces sociétés n'ont pas de lien, n'ont pas de cohésion entre elles ; il faudrait d'ailleurs que ce mouvement ne se bornât pas à Paris : outre Paris il y a la France; et les sociétés de patronage en province n'existent pour ainsi dire pas. Il faudrait donc qu'une loi, à l'exemple de ce qui existe en Hollande et en Suisse, vint organiser *le Patronage* et étendre à toute la France cette grande et féconde institution. Ici encore, comme dans la matière des maisons de réforme, il faut laisser toute latitude à l'initiative individuelle ; ici encore, c'est au dévouement d'un chacun qu'il faut s'adresser.

L'État interviendra par des subventions, car son premier devoir est d'aider au relèvement de l'enfance. Il le fait déjà, ces subventions qui montaient à 20,000 fr. les années précédentes s'élevaient sur le dernier budget à 40,000 fr. Le patronage est le complément essentiel de toute éducation correctionnelle. L'enfant doit faire l'apprentissage de la liberté, comme il fait l'apprentissage de tout métier (1).

Toutes ces questions ont été traitées avec grand soin au congrès pénitentiaire qui s'est tenu en 1878 à Stockolm et dont MM. F. Desportes et Lefébure ont rendu compte dans un ouvrage fort intéressant : « *La science pénitentiaire au congrès de Stockolm.* »

Nous nous sommes efforcé, au cours de cette étude, sans pouvoir entrer dans aucun détail d'exécution, d'être cependant à peu près complet sur les réformes à accomplir et sur les améliorations à introduire. Le problème de l'enfance coupable est des plus graves, il se complique du problème si délicat et si complexe de l'enfance vicieuse et abandonnée. Le sujet s'impose aujourd'hui aux méditations de tout homme qui pense, car comme l'a dit Victor

(1) Voir Le Contemporain, N⁰ˢ de Novembre et de Décembre 1881. Les enfants vicieux et abandonnés.

Hugo, dans son style énergique et saisissant : « Ces questions nous tirent tous, tant que nous sommes, par le pan
de notre habit, et tôt ou tard, elles nous barreront si complètement le chemin, qu'il faudra bien les regarder en face
et savoir ce qu'elles nous veulent. »

POSITIONS.

DROIT ROMAIN.

I. — A l'origine, le testament était une véritable loi, et l'approbation des comices par curies n'était pas une approbation de pure forme.

II. — Le testament nuncupatif au début exigea comme le testament percœs et libram, dont il n'était qu'un dérivé, toutes les formalité de la mancipation.

III. — La date n'était pas considérée à Rome comme une condition essentielle de la forme des testaments.

IV. — Les testaments *principi oblatum* et le *testament apud acta*, usités sous les empereurs chrétiens, n'étaient pas transcrits sur les registres publics.

V. — Les testaments en faveur de la cause pie étaient soumis aux formal·tés *jure communi*.

VI. — L'affranchi suit *l'origo* de son patron, il n'y a pas antinomie entre la loi 653, *ad municipalem*, Dig. L. I, et la loi 27, pr. au même titre.

VII. — La constitution d'Antonin Caracalla, octroyant le droit de cité à tous les sujets de l'empire romain, ne statua que pour le présent.

DROIT CIVIL

I. — L'enfant naturel non reconnu et inscrit sur les registres de l'état civil n'est pas·Français.

II. — Le mariage contracté par le Français à l'étranger, sans les publications de l'art. 170 du Code civil, est valable.

III. — Lorsqu'un légataire universel a été envoyé en possession, conformément à l'art. 1008 du C. C., c'est en principe aux héritiers réservataires qui attaquent le testament, et non au légataire qu'incombe la preuve de la fausseté du testament.

IV. — Les actes d'aliénation autres que ceux d'administration faits par l'héritier apparent, ne sont pas opposables à l'héritier véritable.

V. L'aveu et le serment peuvent combattre les présomptions légales absolues qui ne sont pas d'ordre public.

VI. — L'interdit judiciairement ne peut jamais contracter mariage, faire ni testament ni donation, non plus que reconnaître un enfant naturel.

DROIT CRIMINEL

I. — L'âge ne change pas la qualification du fait. (Cass., 10 avril 1818, 2 avril 1825 ; Contra, 27 février 1823, 9 février 1832.)

II. — C'est au ministère public à prouver l'âge légal de l'accusé. En cas de doute, il y.a présomption de minorité en faveur de l'accusé. (Cassat., 4 mai 1839 ; Contra, Cassat., 19 avril 1821.

III. — C'est au jury exclusivement qu'il appartient de statuer sur la question d'âge. (Cassat., 4 mai 1839 ; Contra, 16 septembre 1836.)

IV. — Le bénéfice de l'âge peut être invoqué pour la première fois devant la Cour de cassation. (Cassat., 9 messidor an VIII ; Contra, 19 avril 1821, 27 février 1845.)

V. — En matière de simple police, la question de discernement ne doit être posée que dans les cas exceptionnels, où l'intention est considérée par la loi comme élément constitutif de la contravention. (Cassat., 12 février 1863 ; Contra, Cassat, 21 mars 1868.)

VI. — L'art. 66 s'applique aux matières prévues par des loi spéciales. (Cassat., 13 mai 1844, ch. 2.)

VII. — Le juge de simple police qui par application de l'art. 66 renvoie de la plainte un mineur de seize ans, comme ayant agi sans discernement, peut par application du même article prononcer son envoi en correction.

VIII. — Le mineur de seize ans, acquitté en vertu de l'art. 66 du Code pénal et envoyé en correction aux termes de cet article, n'est pas admissible à interjeter appel de ce jugement pour y faire substituer un jugement de condamnation dans les termes des art. 67 et 69 du Code pénal. (Contra, Cour de Rennes, 21 mai 1844.)

IX. — Le mineur de seize ans qui a commis un crime entraînant la peine de mort peut, alors même que le jury lui accorde des circonstances atténuantes, être condamné jusqu'à vingt ans d'emprisonnement.(Cassat.,9 juillet 1841.)

X. — Pour qu'une condamnation aux dommages-intérêts puisse être valablement prononcée contre le mineur de seize ans, il faut que ce mineur soit assisté, devant la juridiction criminelle comme devant la juridiction civile, de son tuteur. (Cour d'assises du Haut-Rhin, 1828 et 1831. Contra. Cass., 15 janvier 1841.)

XI. — La prescription de l'action publique contre le mineur de seize ans, qui, coupable d'un crime, ne se trouve passible que d'une peine correctionnelle, n'est point celle de trois ans établie pour les délits, mais celle de dix ans établie pour les crimes. (Angers, 3 décembre 1849. Contra. Cassat., 22 mai 1841, 25 août 1864.)

XII. — L'émission en France d'obligations avec lots ou primes ne constitue pas une infraction à la loi du 21 mai 1836 prohibitive des loteries.

DROIT PUBLIC ET ADMINISTRATIF

I.—Les églises paroissiales rendues au culte en 1801,aux termes des art. 75 et 77 de la loi dn 18 germinal an X, appartiennent aux fabriques.

II. — L'équipement dans un port neutre et par les soins de l'industrie privées d'un navire de guerre ne constitue pas une violation de neutralité.

II. — Un ministre du culte ne peut être poursuivi à raison d'un fait qualifié crime ou délit et constitutif de l'abus ecclésiastique devant les tribunaux criminels avant l'appréciation de l'abus par le Conseil d'Etat.

IV. — Le privilège conféré à l'Etat en vertu de l'art. 32 de la loi de 22 frimaire an VII ne porte que sur les revenus de la succession.

V. — L'autorisation donnée par l'autorité compétente aux propriétaires d'établissements dangereux,incommodes ou insalubres, ne les empêche pas d'être tenus, aux termes de l'art. 1382 du Code civil, à la réparation du dommage ou préjudice causé du fait de leur établissement.

Vu par le Doyen, président de la thèse,
CH. BEUDANT.

Vu et permis d'imprimer,
Le Vice-Recteur de l'Académie de Paris,
GRÉARD.

TABLE DES MATIERES

DROIT ROMAIN

DROIT FRANÇAIS